Hans von Wolzogen

Richard Wagners Heldengestalten

Hans von Wolzogen

Richard Wagners Heldengestalten

ISBN/EAN: 9783742849465

Hergestellt in Europa, USA, Kanada, Australien, Japan

Cover: Foto ©Thomas Meinert / pixelio.de

Manufactured and distributed by brebook publishing software (www.brebook.com)

Hans von Wolzogen

Richard Wagners Heldengestalten

RICHARD WAGNERS

HELDENGESTALTEN.

ERLÄUTERT

VON

HANS von WOLZOGEN.

HANNOVER
VERLAG VON LOUIS OERTEL.

VORWORT.

Oft schon ist nach einem Werke gefragt worden, woraus der Freund deutscher Kunst, für Wagners Schaffen von der Bühne her zu regerer Teilnahme gewonnen, nun auch eindringlicher über die geistige Bedeutung der für jenen Meister so charakteristischen Heldengestalten und ihrer Tragödien sich belehren könnte. Auf diese Frage konnte der besser Unterrichtete immer nur erwidern, dass das trefflichste Mittel hierfür in dem fortgesetzt wiederholten Erlebnisse ganz stylgemäss ausgeführter — B a y r e u t h e r — Darstellungen jener Werke und Gestalten bestehen würde. Denn, in der That, das Kunstwerk als solches verbirgt uns keinerlei Geheimnis; aber freilich kann es dies nur dann bewähren, wenn das Drama auch wirklich vollendet erscheint, — und wenn das Publikum imstande ist, es ohne Voreingenommenheit mit jenem freien „Gefühlsverständnisse" aufzunehmen, welches Wagner als einzige Vorbedingung von ihm verlangt. Dazu gehört aber zweierlei: die dauernde Erhaltung der grossen Hinterlassenschaft des Meisters, Bayreuth, — und die stätigen Bemühungen seiner Freunde, das Publikum mehr und mehr in die geistige Welt einzuführen, deren Ausdruck eben Bayreuth ist, deren Luft als ihr Lebenselement jene „Heldengestalten" atmen, welche zwar vielen nicht mehr fremd, doch aber noch manchem voller „Geheimnis" erscheinen.

Das vorliegende Werk will nun jenes „Geheimnisvolle" so schlicht und deutlich wie möglich aus den Charakteren der Helden erklären. Es will am einzelnen Beispiel darstellen, wie es sich in Wagners gesamter Dichtung um eine allgemein-menschliche moralische Thatsache handelt, die sich in zwei Richtungen äussert: als „Bejahung" und als „Verneinung" des Willens, d. h. als „Begehren" und „Entsagen". Aus der „Bejahung" gehen zunächst die ursprünglichen, naiven Helden-Naturen hervor, die „Siegfriede", welche noch ganz „Wille zum Leben" sind, nur dass er sich in ihnen noch nicht, der „Welt" gegenüber, in bewussten Egoismus verstrickt hat. Nur aus solchen starken, selbsteigenen Naturen kann dann auch die wahre sittliche That erwachsen: jene durchaus positive Verneinung des „Egoismus", welche in der bewussten Hinwendung zur Wohlthat des selbstlosen Mitleidens besteht. Dies ist der grosse Gang der Wagnerischen Heldengestalten: hier — Helden der Bejahung, des Mutes und der Liebe, dort — Helden der Verneinung, der Entsagung und des Mitleidens, beides aber Helden der That, der That edelgearteter naiver Natur, und heiliggeweihter bewusster Sittlichkeit, die aus jener Natur als ihr religiöses Ideal erblüht.

Was dem Helden im Drama der Untergang, aber auch die Befreiung, das bedeutet nach Wagners Wort, dem echten dramatischen Künstler das völlige Aufgehen des Individuums im Leben des Kunstwerkes. Dieses lebt von der „Selbstentäusserung" der künstlerischen Persönlichkeit, welche die höchste Bethätigung ihres eigenen Willens ist. In seinem Bayreuth hat Wagner thatsächlich bis weit über sein Leben hinaus eine Schule für dieses Künstlertum geschaffen, darin das Kunstwerk durch die gemeinsam ihm sich hingebenden Kräfte einer enthusiastischen Künstlerschaft zur vollkommenen harmonischen Darstellung seines Styles gelangt. Es war ein schöner Gedanke des Verlegers, dass er dem vorliegenden Werke in seiner ersten Auflage die Abbildungen einer Anzahl jener „Auserwählten" der Bayreuther Schule, oder doch Wagnerischen Lehre, in der Tracht ihrer vorzüglichsten Heldengestalten beigeben wollte. Diese illustrierte Ausgabe ist nun vergriffen. Zur zwanzigjährigen Wiederkehr des „Ringes" auf die Bayreuther Bühne 1896 wird hiermit eine neue Ausgabe des Textes der „Heldengestalten" allein dargeboten, welcher in dieser minder anspruchsvollen Form die darin enthaltenen, immer noch vielfach gewünschten Aufklärungen nun einem weiteren Kreise zu verschaffen imstande sein wird. Ein solcher weiterer Kreis hat sich inzwischen auch bei den Bayreuther Festspielen eingefunden, und steht dort einem gleichfalls erweiterten Kreise von Bayreuther Künstlern gegenüber, die bei einer neuen illustrierten Ausgabe nun auch berücksichtigt werden müssten. Diese aber haben so viel höhere Ehren von ihrer schönen Festspielthätigkeit, dass wir uns hier gern daran genügen lassen dürfen, des Meisters eigene Gestalten auf unsere bescheidene Weise — litterarisch — bei ernstlich Nachfragenden zu Ehren zu bringen! —

Hans Paul Freiherr von Wolzogen.

INHALT.

	Seite
Rienzi	1
Der Fliegende Holländer	6
Tannhäuser	11
Wolfram	16
Lohengrin	18
Telramund	24
Walther von Stolzing	27
Hans Sachs	31
Wotan	40
Siegmund	44
Hagen	48
Siegfried	51
Tristan	56
Marke	61
Parsifal	66
Amfortas	71
Gurnemanz	74

I.

RIENZI.

Ueber seinen „Rienzi" sagte Wagner: „Mag ich selbst jetzt noch so kalt auf dieses mein frühes Werk zurückblicken, so muss ich doch eines in ihm gelten lassen: den jugendlichen, heroisch gestimmten Enthusiasmus, der es durchweht." (Mitteilung an meine Freunde. Ges. Schriften und Dichtungen IV, 344). Und an anderer Stelle: „Dieser Rienzi mit seinen grossen Gedanken in Kopf und Herzen unter einer Umgebung der Roheit und Gemeinheit machte mir alle Nerven vor sympathetischer Liebeserregung erzittern." (IV, 317.)

Nun betrachten auch wir uns diesen Helden. Ist es wirklich nur der politische Held? Nur zu begreifen aus den geschichtlichen Verhältnissen seiner Zeit? Ist es nicht vielmehr schon der grosse, echte, edele, nach Freiheit ringende Mensch? Er will die Freiheit, welche in ihm lebt, dem Volke geben, in welchem er lebt; und er muss im tragischen Untergange erkennen, dass dieses Volk solcher Freiheit nicht wert sei.

In dem Texte dieser heroischen Handlung finden wir ein ausserordentlich konzentriertes Bild der reichen romantischen Welt des Bulwerschen Romanes: Alles ist hier schon symbolisch verdichtet, alles drängend gegenwärtige Handlung, Drama geworden. Die Nobili rauben Rienzis Schwester, Irene. Wohl schlägt auch unter ihnen vereinsamt ein reines Herz, durch Liebe an das Weib gebunden, um das Seinesgleichen nur räuberisch spottend sich streiten: Adriano! Wohl erscheinen auch Massen und Mächte: ein Volk, eine Kirche, — unsicher doch alle und machtlos unter den herrschenden Zuständen der Entsittlichung. So steigern sich Unsittlichkeit und Unfähigkeit von beiden Seiten zum leeren, rohen Tumulte der Gemeinheit. Da tritt der Eine auf wie die Sonne durch dichteste Wolken: der Held.

Zauberhaft seine Gewalt über das Volk — voll Klugheit seine Achtung vor der Kirche — eine richtende Klage sein erhabener Zorn gegen den Adel! „Wehe Euch! Ihr vereinsamt, beraubt, entehrt das alte, freie, grosse Rom!" Die sittliche Empörung Rienzis trägt durchaus die Form der Vaterlandsliebe, wie Adrianos Sittlichkeit die der persönlichen Liebe trägt. Hier wurzelt die Sittlichkeit, echt Wagnerisch, im Grunde der Natur. Hier aber keimt auch der tragische Wahn, dessen blutige Blüte der Untergang ist.

Der Aufstand des Volkes ist beschlossen: „Doch würdig ohne Raserei zeig' jeder, dass er Römer sei!" In demselben verhängnisvollen Augenblicke dringt das Menschliche im Helden auf sein volles Recht: bevor er zur grossen Befreiungsthat für das Volk schreitet, ist es ihm Herzenswohlthat, sich mit dem Edelsinne in der adeligen Natur Adrianos innig zu verbinden. Schon hier aber fällt das tragisch bedeutungsschwere Wort: „Weh' dem, der ein verwandtes Blut zu rächen hat!" So haftet ein Fluch an den Naturbedingungen menschlichen Wirkens, das doch wiederum der Natur allein seine Lebenskraft zu verdanken hat!

Der Aufstand ist geglückt. Rienzi hat die Gewalt in Händen und er verkündet: „Die Freiheit Roms sei das Gesetz!" Die Wirkung der Freiheit sei der Friede! Den Königstitel weist er zurück; gleichwie der Schwanenritter in Brabant will er nur Schützer seines Volkes heissen. Ein moralisches Reich erscheint mit einem Worte begründet: „Des Friedens, des Gesetzes Grösse nur, nicht meine sollt ihr anerkennen!" ruft er den besiegten Edelen zu; allein die Welt sieht in ihm nur den grossen Überragenden, dem Bewunderung, Staunen, Schrecken, Argwohn, Neid, Hass und Rache gilt. Die Liebe des innigsten Verständnisses findet er nicht einmal bei Adriano, den die Bande des Blutes an seine Gegner ketten. Die adeligen Feinde rüsten seinen Tod beim Friedensfeste: nur scheu vermag Adriano ihn zu warnen. Und Rienzi — wie er bei der Entdeckung des Verrates nicht an sich, nur an den nun gerächten, geliebten „Bruder" denkt, so wirbt er selbst um Gnade für seine Mörder, um der Liebe willen, die ihm aus den edelen Seelen Adrianos und Irenes, Mitleid flehend, ans Herz trat.

Mit der Begnadigung seiner Mörder hat der Held sich zur vollen moralischen Grösse erhoben, und zugleich doch das Recht verwirkt, geschichtlich-politischer Held zu bleiben. Die Wendung des Helden zum

Märtyrer seines Ideales tritt ein. Der Adel bricht seinen Schwur gegen das Volk: es kommt zum Entscheidungskampf vor den Thoren. Nun steht der Schlachtenheld vor uns: gehorsam der Not, die sein Mitleid heraufbeschwor, dient er seinem Ideale auch mit dem Schwert. Auf seinen Ruf, die Freiheit Roms zu verteidigen, antwortet ihm bereits des Volkes tiefbange Frage: „Durch unser Blut bestrafest du sie nun?" Jetzt aber ist es ihm heilige Pflicht geworden, das Blut der Freiheitsmörder mit dem Blute der Treue zu fordern, und auch Adrianos verzweifelt drohendes Flehen hemmt nun nicht mehr den reisigen Kriegerschritt.

Als der Bruder den blutigen Sieg der Stadt erkämpft, scheidet sich Adriano von Irene; und so kehrt der Friedensfürst als Sieger heim — über dem Grabe der menschlichen Liebe. Doch auch auf Adrianos Fluch erwidert er nur mit der Bitte: „Verzeiht ihm, Römer!" Der Mensch steht noch über dem Helden der ritterlichen That. Diese That aber — keine freie, eine That der geschichtlichen Not — sie ist nun geschehen: er ist den geschichtlichen Mächten verfallen.

Es grollt ihm ein schlachtwundes Volk; eine neidisch fürchtende Kirche, mit dem Adel vereint, wendet sich gegen ihn, den Mächtigeren, den Feind; und der Freund selbst belauert, verwandtes Blut zu rächen, mörderisch sein Leben. In dem Augenblick, da er den hohen Heldenglauben bekennt: „Gott, der bisher mich führte, Gott steht mir bei, verlässt mich nie!" da schallt aus dem christlichen Dome ihm das Miserere entgegen, anstatt des Te Deum, und der Kirche Haupt trifft in ihm, wie im Tannhäuser, das Menschliche mit seinem Bann. Alles verlässt den Verfluchten — allein in Irene noch findet er den treuen Geist des alten Rom: sein Ideal lebt dennoch — „Noch giebt's ein Rom!" —

Die Welt hat diesen Helden von sich gewiesen, weil sein Heldentum ein wahrhaft menschliches, ein ideales war, nicht nur das Heldentum der überragenden Stärke oder Geistigkeit, sondern das Heldentum der überragenden Natur, der Wahrhaftigkeit, des Edelsinns, der Selbstaufopferung. Da entquillt dem ganz in sich zurückgedrängten Gefühle höchster Menschenwürde das Gebet zu der bis zum Tode geleitenden ewigen Macht der Güte: „O Gott, vernichte nicht das Werk, das dir zum Preis errichtet steht! Ach löse, Herr, die tiefe Nacht, die noch der Menschen Seele deckt; gieb uns den Abglanz deiner Macht, die sich in Ewigkeit erstreckt!" Das ist das Gebet um das Ideal, für die Menschheit. Und zu dem Betenden tritt Irene: es bleibt ihm „der Himmel selbst und meine Schwester." Sie, deren Liebe in dem Bruder das höchste Menschliche schon umfasst, entsagt ihrer eigenen Liebe und bleibt bei ihm bis zum Ende: die letzte Römerin giebt ihm das Bewusstsein des ewigen Ideales wieder. Bei dem Worte Adrianos: „Geh, es giebt keine Liebe mehr" bewährt sie selbst die höchste Liebe, wie Senta „treu bis in den Tod". In der Glorie dieser Treue, dem Abglanz jener ewigen Macht des aufopfernden Idealismus, versinken Held und Weib unter den Trümmern des vom Volke zerstörten Kapitols.

II.
DER FLIEGENDE HOLLÄNDER.

Über das glänzende Römerbild des Rienzi hat sich ein düsterer Schatten gelegt, gleichwie über die Hoffnungen des jungen Künstlers auf seine Wirksamkeit in der weiten Sphäre des Pariser Kunstlebens, welche er als den Abgrund erkennen lernen sollte, worin er, von allen Hilfsmitteln, fast selbst von seiner Kunst verlassen, einen jammervollen Untergang zu finden befürchten musste.

Aus höchster Not und tiefstem Ekel vor der kunstfeindlichen, ertödenden Umgebung erwachte ihm von neuem die Sehnsucht nach der Heimat und mit ihr nach seiner Kunst. Damals (1841) schrieb er das Gedicht vom fliegenden Holländer. „Mit dem Autor war etwas Bedeutendes vorgegangen, vielleicht eine tiefe Erschütterung, jedenfalls eine heftige Umkehr, zu welcher Sehnsucht und Ekel gleichmässig beitrugen." (Einleitung z. I. B. d. ges. Schriften. S. 4.) Schon in Riga war ihm die „Erlösung dieser Ahasverus des Ozeans" aus einer Erzählung Heines bekannt geworden, und sie war ihm aus einer litterarischen Erinnerung zu einer wirklichen Lebenserfahrung geworden auf seiner abenteuerlichen Segelfahrt von Riga nach Paris, als der Sturm ihn in die Schären Norwegens, nach dem Landungsplatze von „Sandwike" bei Arendal hintrieb, und die bangen Sagen der Seeleute vom „Geisterschiff" unter Wogensturz und Wolkenjagd nun eine wunderbare Gestalt zu gewinnen schienen. Doch erst, als das toddrohende

Meer ihm selbst bis in das Innere seiner Existenz gedrungen war, als er in dem Ozean der Verzweiflung zu Paris zu versinken wähnte, da ward ihm jene Gestalt auch künstlerisch lebendig, und das alte Volksgedicht ward wiedergeboren als das lebendige Gedicht seiner Seele. „Die Gestalt des fliegenden Holländers ist das mythische Gedicht des Volkes: ein uralter Zug des menschlichen Wesens spricht sich in ihm mit herzergreifender Gewalt aus. Dieser Zug ist Sehnsucht nach Ruhe aus Stürmen des Lebens." (Mitteilung a. m. Freunde. IV. 327.) Diese Ruhe hat eine Stätte: die Heimat. Diese Heimat hat eine Seele: den Volksgeist. Zu diesem Geiste verlangt es den Künstler in der Fremde wie zu Seinesgleichen zu sprechen, und er gestaltet sich seinem Verlangen zur Person in dem durch Treue erlösenden Weibe seiner Sage. War es doch die „Ballade" dieser Senta, das künstlerisch konzentrierte Bild ihres ganzen inneren Lebens, welche sowohl für die Dichtung wie für die Musik dem Künstler die Grundform, den Keim darbot, woraus sein Drama sich entwickelte, woran er auch, zur Komposition schreitend, erkennen sollte, „dass er noch Musiker sei". Und wie er seiner selbst als Künstler daran bewusst ward, so lehrte ihn auch dies Bild des Ideals die düster-leidende Sagengestalt der „Holländer" als wahren Helden verstehen.

Heldenhaft ist ja auch der Zug: das können zu wollen, was kein anderer kann, und das, was er will, auch zu können. Doch das Böse der Welt heftet sich sogleich an den Trotz des überragenden Könnens: „Satan nimmt ihn beim Wort". Der wildkühne Seemann, der in Ewigkeit nicht ablassen wollte, „bei bösem Wind und Sturmeswut" das Kap zu umfahren, wo alle Schiffe scheitern: er verdammt sich damit selbst zur ewig einsamen Irrfahrt durch die Meere der Leiden. Nur eine noch höhere Heldenschaft — nicht Todestrotz: Todestreue — könnte ihm die erlösende Ruhe geben. Und dieses Ideal, das ihn in seiner verzweifelten Todessehnsucht immer wieder an das Leben fesselt, immer wieder an das Land treibt, Liebe werbend, Treue suchend, zu zahlloser Enttäuschung, — diese eine andere Seele, welche im tiefsten mitleidvollen Erkennen seiner Leiden aus zweifelloser Willenskraft ihres edelen Wesens sich ganz nur ihm und seiner Erlösung weiht: sie lebt ihm dennoch, — sie erkennt ihn und sein Geschick, bevor sie ihn kannte, ja, es ist der Grund ihres Lebens seinem Leben Vollendung zu schaffen. Vor ihr, vor Senta, wird Wagners „Held" dies erst im höchsten Sinne, dadurch, dass er, der trotzige Mann des Willens, dem Weibe gegenüber selbst zum Mitleiden, zum Wissen und Fühlen des wahren, stäts nur ersehnten Heiles erweckt wird. „Seine Liebe zu Senta," sagt Wagner, „äussert sich sogleich in der furchtbarsten Angst für ihr eigenes Schicksal, dem sie sich aussetzt, indem sie ihm die Hand zur Rettung reicht. Wie ein grässlicher Vorwurf kommt es über ihn, und in der leidenschaftlichen Abmahnung von der Teilnahme an seinem Schicksale wird er ganz und gar wirklicher Mensch, während er bisher oft noch meist nur den grauenhaften Eindruck eines Gespenstes machte." (Bemerkungen zur Aufführung der Oper d. fl. H. V. 214.)

Dies erleben wir in der grossen Scene des zweiten Aktes. Als der Holländer zu Senta eingetreten, als ihr Anblick schon die Erinnerung an das Ideal seines Sehnens ihm belebt, da fragt er doch nur erst scheu und bange, was ihr Herz bei seiner Werbung ihr rate; und als sie ihm „so unbedingt" erklärt des Vaters Wunsche zu gehorsamen, als ihr tiefer Seufzer ihm gesteht, dass seine Leiden es sind, welche diesem blinden Gehorsam die Seele eines eigensten Willens verliehen, da entringt sich seiner aufatmenden Entzückung wohl der Wunsch: „Ach, wenn Erlösung mir zu hoffen bliebe, All-Ewiger, durch Diese sei's!" — aber sie selber wagt er auch jetzt noch nicht durch diese Entzückung seines Erlösungssehnens an sich zu fesseln: er warnt sie mit inniger Glut vor dem schaudervollen Lose, das sie durch Untreue gegen ihn sich bereiten würde, und erst als sie über alle Schauer des Schicksals und der Schuld hinweg auf Engelsfittichen des Mitgefühls sich seinen Leiden zuschwingt mit dem Gelöbnisse höchster Entschliessung: „Wem ich sie weih', schenk ich die Eine: die Treue bis zum Tod!" da jubelt sein Sorgen auf in dem Gebete: „Licht meiner Hoffnung, leuchte neu! Ihr Engel, die mich einst verlassen, stärkt jetzt dies Herz in seiner Treu'!"

Der Höhepunkt für den dramatischen Ausdruck dieser moralischen Bedeutung der Heldengestalt des Holländers liegt jedoch im dritten Akte. Erik, der junge düstere Jäger des Hochgebirges, dessen heisser Herzensliebe Senta freundlich schwesterliche Neigung geschenkt, erscheint in den Augen des zu höchster Sorge für sie entflammten Holländers als die verkörperte Möglichkeit auch ihrer Untreue. „Du aber sollst gerettet sein!" In diesem Worte gipfelt seine gesamte Existenz: hier leuchtet aus ihm selbst jener Stern der Erlösung, der aus Sentas Augen ihm Treu'-gelobend entgegenstrahlte. Um sie vor „ewiger Verdammnis" zu bewahren, giebt er sein eigenes Heil für Ewigkeit dahin; und in dem Entschlusse, niemehr sein Heil zu suchen, findet er es wieder: der fluchbeladene Held ist Mensch geworden! Das tiefste Menschenleiden seiner idealen Liebe zum Weibe, es wird ihm zur höchsten sittlichen That. Doch auch die Geliebte bewahrt ihm die Treue bis in den Tod: als sein düsteres Geisterschiff davon jagt wie in Verdammnis, stürzt sie sich zur Heilthat beseligt ihm nach in die Flut. „Im Glührot der aufgehenden Sonne sieht man über den Trümmern des Schiffes die verklärten Gestalten Sentas und des Holländers sich umschlungen haltend dem Meere entsteigen und aufwärts schweben." Im selbstopfernden Mitleiden vereint die Erlösungsmacht der Liebe Held und Weib zur Verklärung ihres weltbefreiten idealen Wesens.

Auch für den Künstler war damit an Stelle verblichenen Römerglanzes ein deutscher Tag angebrochen: mit Sage und Musik in ihrer Verbindung zum Drama hat auch er nun die Heimat und den Engel sich gewonnen — das Bild, das in ihm lebt, die Macht, die ihn leitet — heimwärts nach Deutschland, zu „neuen Thaten", zum sonnigen Durchbruch des Ideals.

III.
TANNHÄUSER.

„Der Mensch wird nicht eher das sein, was er sein kann und soll, als bis sein Leben der treue Spiegel der Natur, die bewusste Befolgung der einzig wirklichen Notwendigkeit, der inneren Naturnotwendigkeit ist, nicht die Unterordnung unter eine äussere, eingebildete und der Einbildung nur nachgebildete, daher nicht notwendige sondern willkürliche Macht." (Kunstwerk d. Zukunft III. 55.)

Diese Worte Wagners dürfen wir auf seinen Tannhäuser anwenden. „Im Tannhäuser" sagt Wagner, „hatte ich mich aus einer frivolen, mich anwidernden Sinnlichkeit herausgesehnt; mein Drang ging nach dem unbekannten Reinen, Keuschen, Jungfräulichen, als dem Elemente der Befriedigung für ein anderes, im Grunde aber dennoch sinnliches Verlangen, nur ein Verlangen, wie es eben die frivole Gegenwart nicht befriedigen konnte." (Mitteilung a. m. Freunde IV. 361.) Ein solches Verlangen wird aber nur dann wahrhaft sein, wenn es seine Wurzel in der Natur findet, dort, wo allein die wahren Helden und echten Menschen, wie die grossen Künstler, wachsen. Zu ihnen gehört auch ein Tannhäuser. Die natürliche Wahrhaftigkeit des Gefühls, deren kühner Streiter zu sein er der Venus schwört, verlangt nach ihrer höchsten bewussten Bewährung in einem Ideal, in der Liebe. Aber das Ideal giebt sich nicht Preis in den unbeschränkt genossenen Wonnen der Natur; es will gewonnen sein im heroischen Kampfe des Menschen. „Nur Helden öffnet sich auch der Venus Reich!" Nur den Wahrhaftigen, den echten Menschen, den der Wahn der Welt verhöhnt, will auch sie in ihre Arme schliessen. Denn die Natur selber, Holda-Venus, ersehnt die Erlösung im Menschen, wie Kundry. Aber der Mensch im Tannhäuser ist noch nicht erlöst, wie Parsifal! Aus dem Venusberge, dem wonnereichen Inbegriff der natürlichen Lebenskräfte, die doch das Ideal ihm nicht gewähren, nur von ihm begehren konnten, drängt es ihn in ahnungsvoller Verzweifelung zum Tode, und „Maria", der heilige Name der Schmerzensmutter, ist der begeisterte Ausdruck für das Geheimnis seines Sehnens nach voller Bethätigung wahrhaftigen Menschentums. Es ist das mächtige Zauberwort des Gemütes für eine völlige Verwandelung von Welt und Leben. Der stolze Ritter des Venusberges liegt als Büsser auf den Knieen im Wartburgthal.

Was hier tiefinneres Verlangen eines einzig mächtigen Wahrhaftigkeitstriebes, Naturausdruck des Heldencharakters ist, mochte oberflächlichen Betrachtern als schwache, schwankend wechselnde Sinnlichkeit erscheinen. Dagegen sagt Wagner: „Als das Wesentlichste in Tannhäusers Charakter bezeichne ich das stäts unmittelbar thätige, bis zum stärksten Maase gesteigerte Erfülltsein von der Empfindung der gegenwärtigen Situation, und den lebhaften Kontrast, der durch den heftigen Wechsel der Situation sich in der Äusserung dieses Erfülltseins zu erkennen giebt. Tannhäuser ist nie und nirgends etwas nur ‚ein wenig' sondern Alles voll und ganz." (Über d. Aufführung d. Tannhäuser V. 185.) So giebt er sich ganz dem Neuerkannten hin: Welt, Leben, Lenz und Liebe, selig begriffen im wieder aufgetauchten Bilde des Ideals: Elisabeth. „Nicht Rückkehr will er, sondern Vordringen bis zu einem ebenso Grossen und Erhabenen, als es sein neugewonnenes Gefühl von der Welt ist. Dies Eine, Namenlose, was jetzt einzig seiner Empfindung entsprechen kann, wird ihm dann plötzlich mit dem Namen Elisabeth genannt." (A. a. O. 196.) Aber er schaut dies Ideal doch erst durch den Schleier, den die Welt darum hüllt, welche ihm „Feste bereitet" zum Preise der „Liebe". Der Gegensatz zu dieser Welt muss seinem tiefen Gefühle „so stark bewusst werden, dass er um seiner Existenz willen auf Tod und Leben diesen seinen Gegensatz zu bekämpfen hat." (A. a. O. 197.) Auf Wolframs Preis der edelsten, künstlerisch gefassten Anschauung des Ideals, erwidert er so, wie um sein eigenes Leben kämpfend, mit dem Preise des lebendigen Genusses. Das ist nicht jenes lüsterne Geniessenmögen der Welt, sondern die wahre unverschleierte Gegenwärtigkeit dessen, was das natürliche Gefühl des echten und edelen Menschen, des Helden, mit leidenschaftlicher Wonne erfüllt: das durch keinen Wahn zu stillende Verlangen nach dem Leben des Ideales. So sagt auch Wagner: „Sein Gefühl kämpft nur für seine Liebe zu Elisabeth, als er endlich hell und laut sich als Ritter der Venus bekennt. Hier steht er auf der höchsten Höhe seines lebensfreudigen Triebes, und nichts vermag ihn in der Erhabenheit seiner Entzückung, mit der er einsam einer ganzen Welt trotzig entgegensteht, zu erschüttern, als die einzige Erscheinung, die gerade jetzt als gänzlich neu und nie noch wahrgenommen seine ganze Empfindung urplötzlich einnimmt: das Weib, das sich aus Liebe für ihn opfert." (A. a. O. 197.) Als Elisabeth für das Leben des von allen Verdammten bittet, als sie das Heil ihm weist, „das auch für ihn einst der Erlöser litt", da bricht in der That das ersehnte, wahre Leben des Ideales für ihn an, und der Schleier des Wahnes, der ihn das Ideal erschauen aber „verkennen" liess, zerreisst mit dem tiefsten Schmerzgefühle der Schuld. „Wenn wir hier nicht endlich zum tiefsten Mitleiden mit Tannhäuser gestimmt werden, ist das ganze übrige Drama ohne Zusammenhang und Notwendigkeit in seinem Verlaufe, und alle bis dahin angeregten Erwartungen bleiben unbefriedigt." (A. a. O. 173.)

Die „himmlische Mittlerin" zwischen Natur und Ideal ist jene höchste sich opfernde Liebe, der er nur im Leiden noch dienen kann. Doch an jener heiligen Stätte, wo die Welt dem büssenden Sünder die Bestätigung der Versöhnung zwischen Natur und Ideal durch Liebe suchen hiess, da stösst ihn die kalte Hand des Gesetzes zurück, welche ihm „wegen der höchsten Aufrichtigkeit seiner Empfindungen das Recht des Daseins abspricht". (A. a. O. 198.) Der Bann des Papstes ist aber nun nicht mehr der richtende Höhepunkt der Sage: vielmehr bezeichnet diese Lüge der Gnade den tiefsten Abgrund des lügnerischen Weltwahnes. Die Mitleidlosigkeit der gepriesenen „Erlösungsmacht" scheucht den wahnsinnig Verzweifelnden zum Mitleiden der unerlösten Natur zurück: Frau Venus allein ist ihm noch die „Erbarmungsreiche". „Nicht aus Sehnsucht nach Freude und Lust sucht er den Venusberg wieder auf, sondern der Hass gegen jene Welt, der er Hohn sprechen muss, die Verzweiflung treibt ihn dahin, um sich vor dem Blicke seines Engels zu verbergen, dessen Thräne zu versüssen, die ganze Welt ihm nicht den Balsam bieten konnte. So liebt er Elisabeth, und diese Liebe ist es, die sie erwidert." (A. a. O. 198 f.) Und als er sein Heil an der Lieblosigkeit der Welt nun ganz verloren sieht, da nennt ihm der Freund wiederum die Eine, die es ihm gewonnen hat durch das Gnadewerbende Mitleiden, durch die erlösende Kraft der leidenden Liebe. Dasselbe göttliche Wunder, welches aus der wahrhaften Liebesempfindung ihrer Natur die Blüte dieses heiligen Ideales trieb, lässt auch die ewig sehnende Natur des leidenden Helden das erfüllte Ideal ihrer eigenen göttlichen Seele gewinnen. Es lebt im Tode, der die im Leiden der Liebe Verbundenen nun auch in der Wonne der Erlösung vereint. Aus diesem Tode keimt dem Glauben neues Leben, dem Glauben an den wahrhaft erbarmungsvollen Gott, dessen Gnade „kein Spott" ist. Ein Choral des edelsten Protestantismus tönt fort über dem Grabe des Weibes und des Helden, der Heiligen und des Erlösten. „An seiner Leiche steht keiner, der ihn nicht beneiden müsste, und jeder, die ganze Welt, Gott selbst muss ihn selig sprechen." (A. a. O. 199.) Dieses religiöse Element des Dramas war das bisher unerhört Bestimmende und unvergleichlich Erhebende, welches insbesondere durch die Gestalt der Elisabeth und durch den Schluss des Ganzen in der Bayreuther Aufführung des „Tannhäuser" seit 1891 zu vollem künstlerischen Ausdruck kam.

IV.
WOLFRAM.

Wagner sagt in seiner Schrift „über die Aufführung des Tannhäuser" (VII, 202): „Wolfram hat die mindere Heftigkeit seines unmittelbaren sinnlichen Lebenstriebes gestattet, die Eindrücke des Lebens zum Gegenstande des sinnenden Gemütes zu machen. Er ist somit vorzüglich Dichter und Künstler, wogegen Tannhäuser vor allem Mensch ist. Seine Stellung zu Elisabeth, die ihn ein schöner männlicher Stolz so würdevoll ertragen lässt, wird nicht minder als sein endliches tiefes Mitgefühl für den, von ihm allerdings nicht begriffenen, Tannhäuser ihn zu einer der ansprechendsten Erscheinungen machen.".

Gegenüber jenem Helden des leidenschaftlich vorwärts drängenden natürlichen Wahrhaftigkeitstriebes ist Wolfram ein Held der Resignation, welcher das erhabene ethische Ziel des Lebens in seiner Kunst erfasst hält, das Tannhäuser erst in seinem Tode erreicht. So bietet er, ein ritterliches Vorbild des volksweisen, lebhafteren und tiefer blickenden Hans Sachs, das künstlerische Bild der Moral des Stückes dar: ein still und klar leuchtender Schein aus jener höheren Welt, die in Elisabeth leidensvoll thätig wird. Man könnte ihn den goldenen Hintergrund des Dramas nennen, welcher zwischen dessen heftig wechselnden Gebilden nur selten, aber um so strahlender hindurchblickt. Er ist es, der den wiederkehrenden Tannhäuser zuerst erkennt, der auch erkennt, mit dem Blicke des empfindungsvollen Seelen-Sehers, dass sein

Antlitz nicht des Hochmuts Miene trage. Er begrüsst ihn zuerst mit liebreichem Spruch, und als er sich dennoch losreissen will, mahnt er ihn an „Elisabeth", verkündet ihm selber sein wundervolles Glück! Seit Tannhäusers Scheiden mied die Jungfrau der Sänger Kreis, und ihre Wangen erblassten. Um ihren „Stern" wieder aufleuchten zu sehen, fleht Wolfram nun um Tannhäusers Heimkehr: die schwerste edelste Bewährung seiner unendlich zart sorgenden Liebe. Ja, und er wieder ist es, der dann den Freund zur Geliebten einführt: „So flieht für dieses Leben mir jeder Hoffnung Schein" verklingt sein Seufzer aus schweigender Herzenstiefe zu dem Jubelgesange der Liebenden. Aus solcher reinen Seelenstimmung singt er dann sein Lied dem einen „Sterne", der als das immer gegenwärtige Bild des Ideales ihm zu Häupten steht. „Sein erster Gesang im Sängerkrieg enthält die Entwickelungsgeschichte der ganzen künstlerischen und menschlichen Lebensanschauung Wolframs." (VII. 203.) Die Fülle der Gesichte weltlicher Macht und Schöne hat ihn verstummen lassen; da sammelt der hehre Anblick des himmlischen Sternes den schauenden Geist des Dichters zum Gebet. Er hat das Ideal erblickt, dem er anbetend sich opfern, dem er folgen will in das Land der „ewigen" Liebe. Der „Stern" ist ihm frommes Symbol dieser Ewigkeit. Und nun opfert die Jungfrau sich selbst dem eigenen Liebeswerke, und er kann nur wieder zuschauen und mitleiden: er sieht sie, um ihre lebenopfernde Heilsthat auf Erden getäuscht, eine entkörperte Himmelsbraut dem allerlösenden Tode zuschreiten durch die Nebel des Abends: doch in dem Dunkel der Todesahnung er-

Wolzogen, Wagners Heldengestalten.

scheint ihm wieder der tröstende „Stern" der Höhe, wie selbst ein Gruss der entschwebten reinen Seele, in dessen himmlischem Strahle sich nun auch der Gruss seiner Entsagung mit dem ihres Opfers heilig vereint. Im innigsten Erschauen des Ideales hat das Mitleiden, des frommen Sängers sich den Himmel erschlossen. Da naht ihm der unselig der Hölle zugesandte Verworfene der Kirche; und jenes tiefe menschliche Mitleiden Wolframs, des Nichtverstehenden, aber Glaubenden, ist nun auch der zarte Himmelsbote, der jenem Leidensvollsten der Menschen die Zunge löst, wie er auf dem Gipfel wahnwitzigen Verzweifelns auch der Erlösung wiederum das Wort findet: „Elisabeth!" So wahrt er sich bis zuletzt das schöne Amt des edelen Künstlers, des idealen Befreiers des leidenden Menschen.

V.
LOHENGRIN.

„Lohengrin ist ein uralt menschliches Gedicht." (Mitteilung a. m. Freunde. IV. 354.). Im mythischen Sinne ist es das Gedicht der Beziehung des Himmels zur Erde. („Zeus und Semele". IV. 355.) Der „Gral" ist das christliche Symbol für das Reich des ewigen Lichtes, das in seinen strahlenden Heilsboten „zu uns kommt" und uns „von dem Übel erlöst". In dieses Reich des Lichtes hatte auch der Künstler an der

Hand des „seligen Engels" Elisabeth seinen „Tannhäuser" hinaufgeleitet. Doch wie er der Mensch blieb im vollen heissempfundenen Lebensdrange, so auch der Künstler, der seinem Ideale sinnhafte Wirklichkeit, der Kunst seines einsamen Genius die Sphäre liebevoller Empfängnis ersehnt. „Mit seinem höchsten Sinnen, mit seinem wissendsten Bewusstsein, wollte er nichts anderes werden und sein, als voller, ganzer, warmempfindender und warmempfundener Mensch, nicht Gott d. h. absoluter Künstler. So ersehnte er sich das Weib, das menschliche Herz." (IV. 362.) In diesen Worten Wagners über Lohengrin spricht sich die intime Verwandtschaft seines eigenen seelischen Schicksals mit der Sage seines Helden deutlich aus. Jenes menschliche Herz, nach dessen warmem „Gefühlsverständnisse" der Künstler als Mensch verlangt, wie sein Kunstwerk selbst als ein idealer Teil des Menschenwesens dessen bedarf: dieses Herz, diese belebende Natur, ist personifiziert in Elsa. Aber zwischen Held und Weib, zwischen Genius und Volksgeist, liegt die ganze geschichtliche Welt, liegt alle Möglichkeit des Unglaubens, Missverstehens, Zweifels, Neides und Hasses, das irdische Nebelgedünst, das die Strahlen des himmlischen Lichtes bricht, die beseligende und befreiende Wirkung der höheren Natur, des Heros oder Genius, abschwächt oder vereitelt, und ihn selbst der Einsamkeit wieder zuweist.

Dieser Welt gegenüber „kann er nicht anders als wunderbar erscheinen". Ein Wunder bringt den Helden im Schwanen-Nachen über das Meer, und als ein Wunder erscheint er „schön und hehr" vor den kriegerischen Mannen des Königs Heinrich auf der

Scheldewiese. Auch an ihm „haftet unabstreifbar der verräterische Heiligenschein der erhöhten Natur", und diese Natur bewährt sich nicht nur im Scheine, sondern in Wort und That. Der Ritter des Grales tritt mit einem Segensspruche in die Welt der irdischen Ritterlichkeit, in dem er sein „Heil, König Heinrich" dem edelmächtigen deutschen Vorkämpfer des Christentums und der menschlichen Kultur zuruft. Seine Sendung von Gott bestätigt er alsdann sogleich durch sein Eintreten für die Unschuld Elsas. Diese durch seinen Sieg bewährte Unschuld weiht die des Brudermordes angeklagte Jungfrau ihm selber zum Weibe: denn in der Reinheit ihrer Seelen wurzelt die Liebe Lohengrins und Elsas. Wie der Holländer, so warnt auch Lohengrin das Weib vor der Möglichkeit der Untreue durch die ernste Wiederholung des Frage-Verbotes, und wie Senta gelobt ihm Elsa die unbedingte Treue. Diese lebenswarme Hingebung des Weibes an den Mann, so fremd den Wonnen des Grales, wo alle Mannheit nur Hingebung an das heilige Ideal, entfesselt in des Menschen sehnsüchtiger Brust den vollen Quell der Liebe: „Elsa, ich liebe dich!" Und so entblüht auch hier die bewusste Liebe jener Fraglosigkeit des Glaubens, jenem unbewussten Gefühlsverständnisse der reinen Natur für das Wunder des Ideals, welche als Bedingung der befreienden Liebesthat eben in dem Verbote der Frage nach „Nam' und Art" des Helden symbolisiert erscheinen. Kraft dieses Liebesglaubens schlägt Lohengrin im Gottesgericht-Kampfe den Telramund, der dem Hasse und der Schuld glaubte. „Den Sieg hab' ich erstritten durch deine Rein' allein!" Er siegt, weil er derjenige ist, der siegen kann, weil er erkorener Ritter des Grales ist, Held des Glaubens an das Gute, aus welchem Glauben die thätige Liebe strömt. Wagner selbst warnt vor dem Missverständnisse, „Lohengrin steige aus einem glänzenden Reiche leidenlos unerworbener, kalter Herrlichkeit herab, und um dieser Herrlichkeit, und der Nichtverletzung eines unnatürlichen Gesetzes willen, das ihn willenlos an jene Herrlichkeit bände, kehre er dem Konflikte der irdischen Leidenschaften den Rücken, um sich seiner Gottheit wieder zu erfreuen." (IV. 367.) Gleich dem künstlerischen Genius ist auch der Ritter des Grales der vorzüglich Könnende, aus seiner eigensten genialen Natur, — der Natur, welcher aus dem reinen Herzen des Weibes das wohlthätige Lebensblut ihres eigenen Verlangens nach dem Leben entgegen wallt. Aus diesem Leben wieder scheiden, diesem beseligenden Strome sich wieder verschliessen zu müssen, das ist das allertragischeste der Lose im menschlichen Dasein, der furchtbare Fluch des überragenden Geistes in der gemeinen Welt, die tiefe Tragik des Lohengrin, der seiner Göttlichkeit sich nur „erfreuen" kann in freier Liebesthat für die leidende Seele der Menschheit.

Was der Ritter des Grales als Retter des Guten für Elsa gethan, das will er nun auch thun für das deutsche Volk im Kampfe gegen die Horden des Ostens, und dies nicht als Herzog, — als „Schützer" von Brabant, als „erster Diener des Staats", der ideale „Fürst" von echter deutscher Art. Dieser erhabenen Erscheinung gegenüber bäumt der Hass der ins Dunkel gebannten Weltschlechtigkeit, des Unglaubens an das Ideale, empört sich auf: Ortrud, und Telramund in ihren Banden. „Das Staunen der Gemeinheit, das Geifern des Neides, wirft seine Schatten bis in das Herz des liebenden Weibes" (IV. 362.). Offen klagt Telramund über Betrug des Gottesgerichtes durch widerrechtlich unbefragte Zaubermacht. So sehr jedoch umweht den Helden der Zauber seiner Grösse und Reinheit, dass trotz dieser ihnen doch gar eindrücklichen „Urteilsschelte" die Mannen ihm g l a u b e n. „Sie sahen seine gute That!" An die gesehene That glaubt endlich auch die Welt; aber diese That des Glaubens an das Edele in der Welt, — gerechtfertigt finden kann sie sich doch nur durch den Glauben des Edelsten selbst, — hier durch das eine Herz des liebenden Weibes. Nicht Könige und Fürsten haben als Solche Anteil an der Lebensfrage des Ideales; diejenige allein, die aus tiefster Not nach dem erträumten Ideale rief: die klagende Unschuld, das Leiden der Güte, welcher der Held durch seine That das Heil gebracht, mit der er sich nun, da sie beschämt durch die Verwirrung ihrer Seele ihm aufs neue die Treue gelobt, an geheiligter Stätte selig vor Gott verbindet.

Aber nun ist es von Gott geweihte Liebe selbst, nicht nur der vom Bösen angestiftete Zweifel mehr, was in Elsas Herzen den „Namen" des Geliebten als sein Recht verlangt. „Das ganze Interesse des ‚Lohengrin' beruht auf einem alle Geheimnisse der Seele berührenden i n n e r e n V o r g a n g e i m H e r z e n E l s a s. Aus der innersten Not des weiblichen Herzens ringt sich die Frage nach dem Woher des Zaubers wie ein Schrei los — und der Zauber ist verschwunden." („Zukunftsmusik". VII. 163.) Dieses Wort Wagners war bestimmend für die dramatische Verwirklichung seines „Lohengrin" auf der Bayreuther Bühne 1894. — Elsa will für ihre hingebende Bewunderung den vollen Besitz, das ganze Wissen der Eigenart des Bewunderten. Sie weiss ihn nur zu bewundern, aber nicht zu verstehen, so wie er ist, wenn er ihr nicht sagt, wer er ist. Enthüllt sich aber der Genius vor der Volksseele, und muss er ihr offen verkünden, dass sein Wesen einer „anderen Welt", dem Reiche der Idealität angehört, dann scheidet er sich selbst von dem Volke: die höchste Offenbarung seines Wesens entzieht ihm auch das Glück seines Wirkens, sein eigenes Leben. Mit der aus tiefstem Weh erhaben aufsteigenden Kunde vom Gral bekennt Lohengrin seine höhere Natur, „sein' Nam' und Art". Aber auch hier bleibt er nicht beim Schein und nicht beim Worte: auch sein letzter Gruss ist That, ist Wohlthat, nicht nur symbolisch in den zurückgelassenen Gaben des Hornes, Schwertes und Ringes, — auch durch die im Gebete fortwirkende Kraft des Guten in ihm selber, womit er scheidend dem deutschen Volke und Lande eine Zukunft giebt. Seine ganze Erscheinung auf dieser Welt ist derart eingeschlossen von zwei Gebeten für das Heil dieser Welt, für König Heinrich und für Gottfried von Brabant: dem „Heimreich" soll der „Gottesfriede" werden! Durch das Gebet des Helden entzaubert wird der Schwan, der stumme Diener des Grales, zum freien „deutschen Jüngling" wiedergeboren. Der Genius mag scheiden, aber aus der fortwirkenden moralischen Kraft seiner Erscheinung sprosst ein ideales Leben für seines Volkes Jugend. Mag man in Ortrud die dunkele Vergangenheit dieses Volkes erblicken, in Elsa seine liebe und leidenvolle Gegenwart, so ist der Knabe Gottfried seine helle, siegesfreudige Zukunft. Es ist die gottgeweihte ewige Jugendlichkeit des deutschen Blutes, die auch aus allen Trümmern des Unterganges, aus allem Jammer der Verzweiflung, immer von Neuem die Blüte des Ideales treibt: die Erscheinung der rettenden Helden, verklärt im reinen menschlichen Wunderglanze unsterblicher Kunst.

VI.

TELRAMUND.

Telramund erscheint als eine deutsche Heldengestalt in ihrem mannhaft ritterlichen Äusseren; doch wie so vielen deutschen Tapferen ist ihm der Glaube an das Ideale fremd, und dafür sein Gemüt dem Aberglauben leicht geöffnet. Schon fast zum Aberglauben wird ihm auch der letzte Überrest des uraltedelen Ariertums: der Begriff der Ehre. Sie ist ihm die zweifellos eingeborene Standesidee des ritterlichen Schwertmannes, und als solche eng verknüpft mit dem Begriffe der Macht: „Hier steh' ich, hier mein Schwert!" Und doch giebt ihm dieser Überrest noch ein ideales Übergewicht über Ortrud, indem sich der Ehrbegriff in ihm mit wahrer Ehrlichkeit verbunden zeigt: „Die Wahrheit künd' ich, Untreu' ist mir fremd", das ist das Motto seines Lebens. Sein kriegerischer Sinn fühlte sich hingezogen zu Ortrud, des heidnischen Friesenfürsten Spross. Mit der Klage um den Brudermord Elsas erhebt er zugleich als Nächstverwandter den Anspruch auf ihr Fürstentum. Auch Elsas Beginnen versteht er nicht anders als aus dem Interesse dieser Herrschaft von Brabant. Dass er „im Kampf den wilden Dänen schlug", das ist sein Ruhm vor dem deutschen König; ohne viel Fragens und Redens um das Wie und Warum des Kampfes, genügt ihm das ihm eigentümliche Was, die Tapferkeit des Zuschlagens, des Schwertes. „Viel lieber tot als feig" wagt er auch den Kampf mit dem Wunderritter; denn er glaubt getrost an seine eigene Wahrheit. Insofern ist auch er ein Held der Wahrhaftigkeit. Er will für keine Lüge streiten. Mit dem Gebet: „Herr Gott, verlass mein' Ehre nicht" geht er in den Kampf. „Mein' Ehr' und Ruhm ist hin!" mit dieser Klage verlässt er ihn, ein geschlagener Mann. Er hat gelogen, weil er getäuscht worden ist: das ist sein Selbsturteil. Dass er der höchsten Wahrhaftigkeit, dem Ideale, gegenüber gestanden, kann er nicht fassen. In seiner ritterlichen Selbstachtung gebrochen, tobt er gegen Ortrud, die Täuscherin seines guten Glaubens. Indem er „Gottes Gericht" sofort als Recht anerkennt, zeiht er die einzige Zeugin seiner Wahrhaftigkeit der Lüge. Dabei fasst ihn Ortrud: nicht sie täuschte ihn, das Gericht ward getäuscht — durch Zauber. Sein Zauberglaube, verbunden mit seinem tiefverletzten Ehrgefühle, liefern ihn wieder in die Gewalt ihrer List. Ortrud will durch die Zauberklage in Elsa den Argwohn wecken, der sie zur Frage treibe; wogegen es Telramund genügt, nur den

Zaubertrug zu enthüllen, dem seine Ehre erlag. „Nur eines seh' ich mahnend vor mir stehen: der Räuber meiner Ehre soll vergehen!" — Mit diesem Schwure im Herzen nähert er sich jenen mit Lohengrins Führerschaft unzufriedenen Brabantern, die ihn, den vom Könige öffentlich Gebannten, in das rechtliche Asyl, die Kirche, bergen, woher er dann Lohengrin entgegentritt und frei vor dem Könige die unterlassene Frage nach Nam' und Art seines Gegners fordert. Aber der Glaube der Männer an die Person steht hier über dem Zweifel am Recht. So bleibt nur noch „ein Mittel der Gewalt". Auch die Ehre des Ehrlichen greift in ihrer äussersten Not stäts nach dem Schwerte und giebt sich damit dem dämonischen Zuge nach dem Unrecht hin. An der erhabenen Erscheinung des Edelen und Heiligen scheitert diese irdische Ehre. Beim Eindringen in das geweihte Brautgemach fällt der Ehrenheld dem Schwerte des wahren Helden. „Weh', nun ist all unser Glück dahin!" Das schuldige Blut der Welt hat die Schwelle des Heiligtums der Liebe befleckt. Wenn auch der blinde Hödur, von Loki zum Morde des Edelsten verführt, mit seinem eigenen Blute die unverstandene Greuelthat sühnt, — Baldur, der lichte Gott, muss dennoch dahin auf dem Nachen des Todes über das ewige Meer, von der blutigen Stätte der weltlichen Ehren in das schweigende Reich des überpersönlichen Ideals.

VII.
WALTHER VON STOLZING.

In seiner Schrift über "Deutsche Kunst und deutsche Politik" sagt Wagner: "Wie untrüglich deutlich und greifbar fasslich verstehen wir doch sogleich den Deutschen Jüngling! Dieser Jüngling, der in Mozarts keuscher Melodie den italienischen Kastraten beschämte, in Beethovens Symphonie männlichen Mut zu kühner welterlösender That gewann! Und dieser Jüngling war es, der sich endlich auf das Schlachtfeld stürzte, um dem Volke seine Freiheit, den Fürsten ihre Throne wiederzuerobern!" "Der deutsche Jüngling, von dem wir reden, war nicht der Mann, der ‚Fürstengunst', im Sinne eines Racine und Lully, zu bedürfen; er war berufen ‚der Regeln Zwang' abzuwerfen, und wie dort, so hier, im Volksleben, dem Zwange befreiend entgegenzutreten." "Wahrlich eine durchaus unvergleichliche Erscheinung! Es ist, als ob Schillers Geist, die zartesten und edelsten seiner idealen Gestalten, hier auf einem altheimischen Boden Blut und Leben gewinnen wollten!" (VIII. 49. 51. 53.)

Ein Bild dieses "Deutschen Jünglings", aus der deutschen Musik wiedergeboren, steht vor uns in dem Junker Walther der "Meistersinger". Nur einer dem deutschen Wesen entfremdeten Urteilskraft konnte dieser lebendige "deutsche Jüngling" zu dem Schemen einer Allegorie verblassen: "Ritter Walther soll Richard Wagner sein — die Meistersingerzunft seine ‚Kollegenschaft' vom Kapellmeisterstuhle — Beckmesser die moderne ‚Journalkritik — Hans Sachs — —'?"

ja, da musste man unter den älteren Kapellmeistern suchen, welcher einen Wagner wohl einmal anerkannt hätte, und das war eine schwierige Aufgabe; schliesslich fand man Ludwig Spohr in Kassel und Franz Liszt in Weimar heraus. Hätte man aber mit dem deutschen Wesen auch den deutschen Genius verstanden, so hätte man gewusst, dass ein Solcher gar nicht des umständlichen Mittels der Allegorien. bedurfte, um sich selbst in seinen Helden zu verkörpern. Wenn er das ist, was sein Name besagt, so ist er auch selbst der Held, ist er selbst die Verkörperung des deutschen Heldenwesens, mag es nun als Göttergestalt der mythischen Volksphantasie, mag es als typischer Heros der nationalen Sage, mag es endlich als „Deutscher Jüngling" auf dem Wendepunkte vaterländischer Geschichte erscheinen. Er ist es, und er kann nicht anders, als sich selbst geben, sein ganzes innerstes Wesen, indem er dem deutschen Volke seine Helden wiedergiebt. Und so ist nicht Ritter Walther die Verkörperung Richard Wagners, sondern Wagner die Verkörperung Walthers, der durch Not und Neid zum Manne emporgewachsene „Deutsche Jüngling" Auf ruhelosen Wanderfahrten waren Dichtung und Musik des deutschen Werkes in Paris (1861) begonnen worden. Der erste Plan des Gedichtes reicht allerdings weit in die Dresdener Zeit um 1845 zurück, zwischen die Dichtung des „Tannhäuser" und des „Lohengrin", als es für den jungen Künstler in seiner Beziehung zur musizierenden und kritisierenden Mitwelt noch nicht gar viel im Sinne seiner späteren Meistersinger-Deuter zu „persiflieren" und zu „allegorisieren" gab, denn der „Tannhäuser" war noch nicht einmal aufgeführt. Vollendet aber wurden die „Meistersinger" erst fast ein Vierteljahrhundert später, nachdem der Stern der Gnade über dem Haupte des ruhelosen Wanderers aufgegangen, nachdem durch die Huld des königlichen Freundes, des gekrönten „deutschen Jünglings", die Münchener Darstellung von „Tristan und Isolde" 1865 ermöglicht war, welcher dann 1868 jene unvergessliche erste Aufführung der „Meistersinger" nachfolgen konnte, an welche sich erst 20 Jahre später die Bayreuther Darstellung treulich anschliessen durfte.

Der deutsche Jüngling ist die Jugend Deutschlands! — Und wie gleicht sie doch, diese junge deutsche Ritterseele, dem jungen deutschen Volke selbst, wie sie da hinauszieht aus der verborgenen Wiegenstätte, wo sie zur Winterszeit am stillen Burgherd über „alten Mären" gesonnen, — laut jubelnd am holden Frühlingstage durch die singende Natur des heimischen Waldes, die Mutter seines Ahnens, seines Sehnens Braut! Der Dichter der deutschen Sage, der Singer des deutschen Liedes, im deutschen Jüngling sind sie wiedergeboren! Doch wie er nun eintritt durch die Thore der alten Reichsstadt, mitten in eine krause, lärmige Geschichte hinein, da packt die junge Seele unwillkürlich das Grausen vor ihrem Gegensatze im eigenen Volke, welches dort „Geschichte" treibt auf seine so besondere, bürgerlich-enge Art. — Aber aus dem Heim dieses selben Volkes, in der Enge seiner Gassen, im Dunkel seiner Kirche, taucht dem Jüngling das Ideal seiner Seele auf: er erschaut es in Evas Liebe lächelndem Auge, — und der deutsche Geist, der aus Wäldern und Mären seine Jugend genährt, er wird sich nun der Welt gegenüber seiner selbst bewusst als Genius in der Kunst, darin Natur und Ideal sich selig vermählen. Freilich ist das ein Kampf ganz neuer Art, nicht mit dem Schwerte nach alter Helden Weise, — mit dem Sange der „Weisen" vor Meisterzunft und Merkerstuhl der Zeit! Und doch gilt's auch hier recht eigentlich Leben um Leben, Leben des treuen, freien Herzens, das da singt und liebt — und das nun singen und lieben soll in starren, eingepfählten Schranken, ohne Leben, ohne Liebe, fast ohne Sang, nach Maas und Regeln, die der Natur vergessen, die nur ein fromm bewahrter Nachklang ehrwürdiger Vergangenheit und ein behaglich gepflegter Schmuck steif-nüchterner Gegenwart sind! — Da strömt das waldgeborene, liebebeseelte Leben des jungen Genius seinen frischen, klingenden Lenzeshauch hinein: die Schranken, an denen sein Flug sich brechen sollte, sie brechen selbst darnieder, und Leben hat Leben gewonnen, — Weib und Volk! Denn hinter den Schranken steht noch ein anderes, nicht der „Meister" mit der Tabulatur, sondern „das Volk" selbst, der mütterliche Geist, dem diese Meister gleichwie jener junge Ritter ursprünglich entsprosst sind, und der in Eva, der holden Maid des Preises, aus Meisters Heim und Haus dem ritterlichen Freiersmanne zugeboren war, durch Gnaden des guten Genius, der in Deutschlands Geschicken waltet.

Ja, und dieser gute Engel unseres Volkes, die nie versiegende Schöpferkraft seines eigenen Wesens, — er hat auch Gestalt gewonnen mitten unter diesem gegenwärtig bunt bewegten Volke der Meister und Zünfte, der Mädchen und Buben, der Ritter und

Schreiber, Handwerker und Gesellen, als der treulich waltende Hüter der Wahrhaftigkeit, der würdige Würdiger der ewig jungen Heldennatur des deutschen Geistes: Hans Sachs! Unter seinem väterlichen Segen: „da fühlte sich — o dass es ewig bliebe! — das Doppelglück der Töne und der Liebe!" (Goethe, Trilogie der Leidenschaft.)

VIII.
HANS SACHS.

Hans Sachs ist gewiss eine der herrlichsten Gestalten Wagners. Aber ist sie denn auch eine Heldengestalt? — Ja, Hans Sachs ist sogar der eigentliche Held in den „Meistersingern", sofern er — wenn auch ganz wurzelnd in ihrem bürgerlichen Elemente — über die „Komödie" in diesem Werke sich zu der edelsten Bedeutung der Wagnerschen Tragik erhebt. Er gehört zu jener Reihe der Helden der Resignation, welche von Wolfram zu Marke emporsteigend mit ihm selber ihren Höhepunkt im Sonnenscheine der Kunst erreicht. Seine Resignation aber darf nicht missverstanden werden, als handelte es sich dabei nur um ein kleines, enges Lebensschicksal, etwa nur um ein Verzichten des Alters auf den persönlichen Besitz der Jugend — Eva! — Ein jüngst erblühtes lieblichstes Bild des Lebens ist ihm diese Eva, und wenn die Muse den Meister in Goethes bekanntem Gedichte mit den Worten segnet: „Ein heilig' Feuer, das in dir ruht, schlag' aus in hohe lichte Glut! Doch dass das Leben, das dich treibt, immer bei holden Kräften bleibt, hab' ich deinem inneren Wesen **Nahrung und Balsam** auserlesen!" so strömen diese auch unserem Helden in dem Leben und der Liebe Evas und Walthers mit der vollen Kraft der Natur aus dem trüben „Weltwirrwesen" (Goethe) zu. Sie ermöglichen die zeitweilige Verkörperung eines dichterisch von ihm geträumten Ideales, unter der edelen Weihe der Kunst. Dass die Kunst die Natur wieder gewinne, ist die Sorge eines Sachs unter den „Meistern"; dass die Natur sich zur Kunst verkläre, das ist seine Sorge bei den Liebenden. Überall erscheint in seiner Person das auf dem Grunde der Dinge lebendig bewahrte Element einer naturkräftigen Weisheit. Das aber ist die am Lichte des sinnigen Dichterauges zur Erkenntnis gereifte Kraft des **Volksgeistes** selbst, der in der Siegeserscheinung des jungen **Genius** sein eigenes Wesen vor sich herrlich verwirklicht sieht. Doch dabei bleibt Sachs in dem Werke selbst durchaus die wirkliche, bestimmte **Persönlichkeit**, frei von aller poetischen Allegorisierung und philosophischen Lehrmeisterei, ganz der individuelle Bürger und Singer von Nürnberg, nach Wagners Worten: „**die letzte Erscheinung des künstlerisch produktiven Volksgeistes**", und „mit dieser Geltung der Meistersingerlichen Spiessbürgerschaft" entgegengestellt, „deren durchaus drolligem tabulatur-poetischen Pedantismus ich in der Figur der ‚Merkers' einen (gleichfalls) ganz persönlichen Ausdruck gab." (Mitteilung a. m. Freunde IV. 249.)

Betrachten wir nun diese persönliche Erscheinung unseres Helden in ihren einzelnen charakteristischen Zügen, so bemerken wir, dass auch er, gleich dem Lohengrin vom Grale, mit einem Segenswunsche „Gott grüss' euch, Meister" in das Drama eintritt; und es ist am Schlusse des Werkes wie die Antwort, wenn das Volk den feierlichen Gottesgruss an den Meister anstimmt. Das liebevolle Ansehen, darin Sachs beim Volke steht, zeigt sich gleich beim Aufruf der versammelten Meister in seines Lehrbuben vorlautem „Da steht er!" Nun ja, „Sachs ist zur Stell'!" — und dies Wort wird sich durch das ganze Stück bewähren: bei den Meistern, bei Walther, bei Eva, bei Beckmesser und beim Volke, überall ist er recht zur Stell'! Über Beckmessers hämischen Witz mit seinem alten Refrain von „blüh' und wachs'" lacht er nur heiter: er kennt seine Menschen, und wen unter dem Schilde der Kunst die Tragik dieses wahnvollen Menschseins nicht mehr vernichtet, den stimmt die Komödie des „Weltwirrwesens", der einzelnen Egoismen in ihrer lächerlichen Gemeinheit, nur noch zu freimütigem Scherz und Lachen. Bedeutender tritt er danach hervor, als es mit Pogners Antrage ernst wird: „Ein Meistersinger muss es sein; nur wen ihr wählt, den darf sie frei'n!" Da spricht Sachs jenes Geheimnis in Wagners Kunst auf seine Weise aus: „Der Frauen Sinn — dünkt mich dem Sinn des Volks gleich wert." Des Volkes Urteil wird übereinstimmen mit des Mädchens Wahl. Die Meister freilich denken dabei nur an „Meistertöne und Regeln", die dem Volke „geopfert" werden sollen; Sachs aber verweist sie auf die Natur, die allein die Kunst auf rechter Spur erhalte, und das freut die Buben zum Ärger des grämlichen Merkers: die frohe Jugend giebt dem Vertrauen des Sachs auf Volk und Mädchenherzen Recht, und: „Mir genügt der Jungfer Ausschlagstimm'" ist auch sein schlichtes Schlusswort zu Pogners Antrag. Das Herz soll mitsprechen — so spricht sein Herz. Ein Beckmesser kennt das Herz nur als Sitz der Begehrlichkeit, doch wird er mit seiner höhnischen Frage „Vielleicht auch ein Witwer? fragt nur den Sachs!" eben so kurz und treffend abgeführt, wie die folgende kleinlich geschwätzige Diskussion über die Berechtigung eines Ritters zur Singerschaft durch das einfach vernünftige Wort des Sachs „Hier fragt sich's um die Kunst allein" abgeschlossen wird. Und wie er die Kunst versteht, das zeigt sich darin, dass er der einzige ist, der Walthers Lehrmeister, den alten Singer von der „Vogelweide", kennt und anerkennt; Beckmesser, der schlaue „Schreiber mit der Feder", weiss nur das historische Faktum, dass er „lang schon tot". Bei Walthers Werbegesang verfällt Sachs in tiefen, schweigenden Ernst. Erst als Beckmesser das „Versingen" beantragt, tritt er dazwischen: „Nicht so geeilt!" Jedes Lebendige hat sein Recht, und zu neuen Weisen gehören neue Regeln. Ja, diese gesunde Vernunft muss selber das „Merkerrecht" einem Beckmesser gegenüber noch verteidigen! Die klare Verweisung auf das Gesetz von der Unparteilichkeit des Merkers, seitens Dessen, der einzig das Lebendige erfasst hat und vertritt, wird freilich von den Gesetzes-Meistern allsogleich als „zu weit gehend" beklagt, während Beckmessers höhnende „Persönlichkeiten" ganz unbehindert durchgingen. Welch ein Bild des deutschen

Parlamentarismus! Aber Sachs verliert nicht den Humor seines wahrhaftigen Ernstes: das des Merkers „würdige Sprüchlein" soll ihn der vollendete Sang des Ritters lehren. Die Kunst wird richten über menschliche Widernatur, im Spiegel der Wahrheit erscheint die Lüge, vor dem Genius enthüllt sich die Welt. Walthers begeisterter Schlussgesang, der die höchst empörte Aufregung der verurteilenden Meister zur Folge hat, zeigt Sachs schon den „wahren Dichterrecken" an der Pforte der Zukunft.

Er hat den jungen Helden erkannt und ist mit dem Wort für ihn eingetreten. Im folgenden Akt erkennt er den Liebenden und tritt für ihn ein mit der That. Im dritten Akt wird er auch den Künstler erkennen, und indem er auch dort mit That und Wort „am rechten Ort" für ihn und seinen Sieg wirkt, wird seinem Herzen das „Ideal" selbst lebendig zu eigen. Glück und Sieg der beiden Geliebten sind seine schönste Lebensdichtung: „Er hätt' ein Auge treu und klug, und wär' auch liebevoll genug, zu schauen manches klar und rein, und wieder alles zu machen sein." (Goethe.) Was ihn wohl als sein guter „Engel" bei der täglichen Arbeit besucht und über die Welt erhoben hatte im entzückten Dichtertraum, das hat ihm nun auch Stimme gewonnen in Walthers Gesange, die Stimme des Lebens und der Liebe; und wie es hold befruchtend sich in sein tief empfindendes Gemüt gesenkt, so blüht es nun „einer Knospe im Taue gleich" (Goethe) in süssem Johanniszauber auf: „Was duftet doch der Flieder so mild, so stark und voll?" Auch er will gerne „etwas sagen", doch „wie wollt' er Worte zu allem finden?" (Goethe.) Das unerhörte

Neue, das regellos fehlerfreie Unermessliche der singenden Wahrhaftigkeit lässt ihn verstummen; aber „bange macht" es nur die bangen Seelen: Hans Sachs ist's doch, dem es „gefällt", und aus dem herzlichen Wohlgefallen erwächst ihm an Lieb'- und Liedesstatt die mitfühlend hilfreiche, kluge That. „Wenn andere durcheinander rennen, sollst du's mit treuem Blick erkennen; wenn andere bärmlich sich beklagen, sollst schwankweis deine Sach' fürtragen; sollst halten über Ehr und Recht, in allem Ding sein schlicht und schlecht." Nach diesen Worten der Goetheschen „Frau Rechtfertigkeit" richtet er jetzt durchaus seine Handlung. In der liebenswürdigen Scene mit der besorgt und verstohlen um seinen Rat werbenden Eva blickt er tief in das liebende Mädchenherz und durchschaut mit der Jugendlichkeit des Dichtergemütes all die feinen Schliche und Schlauheiten der weiblichen Sorge und Wissbegier: „blauen Dunst" lässt sich dieser Meister nicht machen; er hat das liebe Kind unvermerkt selbst am „seidenen Faden", und wie er ihr die Schuhe fertigt zum Fest, so lenkt er auch heimlich, väterlich vorsorgend, ihren Fuss über die Steine der Not auf die rechte Bahn. Er ist der Weise, der aus des Lebens Wahn und Wehe zur ruhigen Erkenntnis der Welt sich durchgerungen hat; stille Wehmut nur noch überhaucht ihm das holde Bild der Jugend, wenn er der eigenen Jugend, der teueren, vom Tode ihm entrissenen Güter seines Herzens gedenkt. Ach, wohin wird das Schicksal auch diese junge Blüte treiben, die sich hier „gar gross und schön" erwachsen auf dem guten Stamme des deutschen Volkes, von der stürmischen Liebe gepflückt, nun den

Wellen des Lebens hingiebt und in der heissen Sorge um ihr Glück doch so selig seiner sicher sich fühlt! Der Weise hat gelernt die Schicksale als das wahnvoll Wandelbare, das menschliche Herz aber als den festen Grund der Wahrhaftigkeit zu erkennen; und diesen Grund gilt es nun zu bewahren vor den Gefahren, die der Reinheit des jungen Glückes drohen, ihn frei zu halten von einer raschen That der Verzweiflung. Gewaltsame Flucht von der Stätte, wo die reine Seele der Jugend aus eigener Kraft die Lieb- und Seelenlosigkeit der Unnatur besiegen soll, das wäre ihm fürwahr ein „übel Ding!" Dies zu verhindern dienen ihm all seine folgenden nächtlichen Scherze und Listen, sein Arbeiten auf der Gasse, sein Singen zur Arbeit, und seine Arbeit zum Singen des Merkers; und an all diesem geht auch zugleich Beckmessers Ständchen in die Brüche, und kommt dieser selber schmählich zum Fall. Es ist bezeichnend, dass alle von Sachs gegen Beckmesser ins Treffen geführten Schalkstruppen dem eigenen Lager des Gegners entnommen sind; diese Leute liefern in der Verblendung ihrer engherzigen Eigensucht dem Geiste der Wahrhaftigkeit die Waffen gegen sich in die Hand; und eben damit lockt wiederum die Wahrhaftigkeit das widerliche Wesen des Niedrigen und Gemeinen völlig an das Licht, das sie selbst in die Gassen der Welt hineinstrahlt. Aber stille hinter diesem lärmend komischen Spiele haben auch Leben und Liebe, Walther und Eva, von thörichter Flucht zurückgehalten, in traulicher Not sich innig gefunden: was im ersten Akt als stürmischer Ausdruck eines einzelnen liebebewegten Jugendherzens sich „versungen" hatte, hier, unter dem grotesken Versingen seiner gallig-drolligen Gegnerschaft und unter dem scheinbar verworrensten Zusammensturze aller äusseren Hoffnungen in dem nächtigen Spuke des Volksauflaufes, da hat es erst volles persönliches Leben gewonnen.

Dieses Leben soll nun am hellen Sonnenscheine des Johannistages auch vor der Welt sich bewähren und gestalten und deren nachtwirrem Wesen hellen Licht und Glanz verleihen. Solches Werk vollbringt der wachende Meister im dritten Akt. „Er ruht nun auch am siebenten Tag von manchem Zug und manchem Schlag. Wie er die Frühlingssonne spürt, die Ruh ihm neue Arbeit gebiert." (Goethe.) Welch' ernste, tief aus dem Grunde der Welt hervorklingende Töne eröffnen diesen Akt, und wie lösen diese Töne sich zu Worten der Weltweisheit auf in dem Selbstgespräche des Sachs über der Chronika des „Wahns". Zusammengefasst erscheint hier alles, was dieses klare Auge je unter der Hut des guten Engels erschaut hat: die Welt liegt dem Meister zu Füssen, tief in ihre Nebel eingetaucht: „Überall Wahn! —" aber er steht hoch im Sonnenlichte der selbstlosen Erkenntnis, und diese Erkenntnis gestaltet sich ihm durch die neu ihm zugeströmten Lebenskräfte, in „jugendheissen Gemüten", in guten Herzen und edlen Sinnen, zum schönsten, einzig wahrhaften idealen „Wahne" des Daseins: zum lebenden Bilde der Kunst! Wie er sein ernstes Wort vom Wahne geschlossen mit dem heiter auflächelnden Bekennen, dass auch die grössesten Dinge der Welt „nie ohn' ein'gen Wahn gelingen", so nimmt er nun auch das letzte kühne Spiel mit munterem Mute auf und leitet mit dem milden, weisen

Rate des besonnenen Alters den noch von jedem Augenblicke jüngster Erfahrung stürmisch bewegten Rittersinger zugleich der Kunst und der Liebe vor Volk und Meistern treulich in die Arme. Der ganze Akt, mitsamt der Episode des bei seiner Schwäche siegreich gepackten Merkers, baut sich wie ein Tempel auf aus dem Grunde des reinen menschlichen Gemütes, mit den wachsenden Säulen lebenvoller Kunst, zur feierlichen Aufnahme der siegenden Liebe am Altare des errungenen Ideals. Und als nun Sachs das Wagnis geglückt ist, umjubelt von einem Volke, das sich in dem edel verwirklichten Bilde seines Lebens selbst unbewusst wiederfühlt und froh begrüsst: da wendet er sich zum Schlusse mit seiner herzgewinnenden Mischung von Ernst und Lächeln auch den **Meistern** zu. Sie haben doch dafür gesorgt, dass niemals die Brücke zwischen den grossen Lebensregungen der Kunst ganz abgebrochen werde, und dass **der deutsche Geist** in was immer für Hüllen verkleidet, als gerettetes Lebenselement stäts **vorhanden** sei für jeden kommenden jungen Genius — für ihn, der das lieblichste Bild des Lebens im Volke mit seiner unsterblichen Schöpferkraft zu einem neuen Lenzé edeler Kunst zu verbinden vermag. „**So wird die Liebe nimmer alt, und wird der Dichter nimmer kalt!**" (Goethe.) Aus dieser **Möglichkeit des Genius** quillt dem **produktiven Volksgeiste** auch in seinem schlimmsten Stand, „unter Meistern", Merkern und Tabulaturen, die ideale Gewähr seines ewigen Lebens: „Zerging' in Dunst das heil'ge röm'sche Reich, uns bliebe gleich die heil'ge deutsche Kunst! —"

IX.

WOTAN.

Man hört manche Bewunderer der „Walküre" über den Wotan klagen, als verdürbe seine dramatische Existenz ihnen bis zum „Abschied und Feuerzauber" den musikalischen Genuss! — Wer so klagt, der hat, nach Wagners Wort (Üb. d. Anwendung der Musik auf d. Drama X. 244), „die furchtbar umdüsterte Seele des leidenden Gottes" selbst noch nicht klagen gehört. Es ist ihm noch nicht deutlich geworden, in der Heldengestalt dieses „Gottes" und seinen Schicksalen den Charakter und das Geschick der „Welt" selbst zu erkennen, — jener alten, doch immer noch unter uns fortbestehenden Heidenwelt. Diese reale Welt der Mächte und Listen, der wir alle so innig zugehören, in der alle unsere lebhaftesten „Interessen" wurzeln, und alle unsere „Fortschritte" sich vollziehen, — wir verstehen sie in einem Wotan auch deshalb nicht so leicht, weil wir seine Erscheinung im Drama, wegen ihres Namens „Gott", mit dem Begriffe einer christlichen Göttlichkeit, einer Personifikation des Sittlich-Guten verwechseln, während sie doch den Heidengott, die personifizierte Erhabenheit des Mächtigen, den „Willen zum Leben" vor aller Moral darstellt. Wotan ist natürlich und geistig erhaben über alle Geschöpfe seiner Welt, weil er in sich selbst der unbedingte mächtigste Ausdruck des Willens ist; er ist aber nicht zugleich sittlich erhaben, bevor er nicht die gesamte Tragik des Lebens an sich erfahren hat, welche eben den Inhalt seines Heldendramas bildet.

Schreitet er auf dem Wege zur Macht über alle untergeordneten Geschöpfe, Alben, Riesen und Nixen, rücksichtslos hinweg, so thut er damit nichts anderes, als was wir im ganzen Verlaufe der Geschichte unseres Geschlechtes die vielbewunderten Grossen und Helden der „Welt" haben thun sehen, und wie noch heute der moderne Mensch seinen „niederern" Mitgeschöpfen, den Thieren, gegenüber sich beträgt, ohne sich dabei das zu sagen, was er in demselben Augenblick einem Wotan missbilligend vorwirft: „dass er nicht seiner höheren Würde entsprechend handele." Wenn aber Wotan, in der schwersten tragischen Sühne des Herrscherwahnes seiner höher gearteten Natur, zur Erkenntnis der Weltschuld gelangt, so erhebt er sich eben damit zur allerhöchsten Würde, welche sich in der Seele dieses einzigen, an Naturgewalt und Geistesmächtigkeit allen überlegenen Helden bekundet: als die endlich herbeigeführte Umkehr des gewaltigsten Weltwillens selbst zur Entsagung, zur Verneinung, zur göttlichen Ruhe.

. Wir sehen Wotan in den vier Teilen des Nibelungenringes aufsteigend die vier Stufen erreichen, auf welchen er zu jenem Ziele der Vollendung gelangt; und dies ist zugleich der Weg zur Erkenntnis, welchen die Menschheit durch ihre Geschichte zu schreiten hat. Am Schlusse des „Rheingold" steht noch der dämonisch urkräftige Naturgott vor uns, der das Werk seines stolzesten Herrscherwillens, die Burg Walhall, unter den heroischen Tönen des Schwertmotivs begrüsst. Doch „nicht wonnig ward sie gewonnen": die natürliche Göttermacht hat sich in diesem Vorspiele bereits durch Wahn, Schuld und Drohung der

Sühne (Erdas Prophezeiung des Endes) gewitterschwül umdüstert. Noch aber lebt Heldenglaube in dem Herrn der fluchzeugenden That: aus den Wirren seines Geschickes soll ihn die Heldenschaft des Menschen lösen, der doch nur sein eigener Schwertarm ist. „So grüsst er die Burg, sicher vor Bang' und Grau'n!" —

Als nun aber auch dieser menschliche Held (Siegmund), in der Unfreiheit seiner Not, für und durch den schuldigen Gott untergehen musste, da bricht in „Streitvaters" Seele der Glaube an sich selbst zusammen: „aufgiebt er sein Werk", die Welt seines Machtwillens, und weiht sie dem lieblosen Helden der Nacht (Hagen). Doch solcher verzweifelten Bejahung des Bösen gegenüber, darin dieses erste, äussere Aufgeben der Weltherrschaft bei dem Wotan der „Walküre" sich ausdrückt, erwacht zugleich die erste Bejahung des Guten in der weiblichen Mitleidsthat Brünnhildens. Aus dem hierdurch geretteten Leben des Edelen erblüht ein neuer Held, Siegfried, unkund der Götter und ihrer Schuld, in dessen Wesen wieder die reine Natur wie zu neuer Weltschöpfung freie Thaten wirkt. —

Am Schlusse des „Siegfried" hat dann Wotans Wille eine noch höhere Stufe der Erkenntnis erreicht. Als wohlgefälliger, weiser Zuschauer hat er den freien Helden bis an die Pforte seines Schicksals auf den Brünnhildenstein begleitet; und nun beschwört er die Natur selbst (Erda) aus ihren Tiefen, wie um sie noch einmal ganz in sich aufzunehmen und so aus der elementaren Urkraft des Willens, aber im Lichte seiner schauenden Erkenntnis, sich heroisch zu entscheiden: „Um der Götter Ende sorgt mich die Angst nicht, seit mein Wunsch es will: dem **Ewig-Jungen** weicht in Wonne der Gott!" Er will nicht mehr den Helden als den Ausdruck seines eigenen Herrscherwahnes; er will auch nicht mehr das Ende als ein Aufgeben alles Grossen, Edelen und Schönen: er will die Weltherrschaft für den freien Helden **ausser ihm**, an dem er selber machtlos werden, vor dessen Siegerschritt er schwinden muss. Damit aber Siegfried die Runen der alten Welt im Wotansspeere zerschlage, muss ihm diese alte Welt auch mit der vollen Kraft ihrer Willensbejahung entgegentreten; und so weckt sein jugendlicher Trotz im letzten Augenblick noch einmal Streitvaters ureingeborenen flammenden Zorn: er aber „fürchtet den Speer nicht", und ihm, dem Sieger, weicht der besiegte Gott. —

So ward auch diese letzte fürchterlichste Entschliessung, in freudiger Siegeshoffnung auf das Ewig-Junge, noch nicht aus vollkommener Freiheit gewonnen, sie bedeutet noch nicht Wotans Erlösung. Er muss noch die weitere, höchste Stufe erreichen, auch das Ende des Ewig-Jungen in der Welt erleben, um an dieser blutigsten Blüte der Welttragik zu erkennen: **nicht, dass das Ende der Untergang des Edelen sei, sondern seine wahre Befreiung.** Mit diesem Wandel der Weltherrschaft in die Weltbefreiung erreicht auch der alte Gott der Macht, der Wille zum Leben, seine ewige Ruhe. Das sittliche Ideal, wie es in Brünnhildens letzten Worten sich ausspricht: die in Leiden und Entsagen thätig erlösende **Liebesmacht** bildet den Grundstein für den Tempel von Monsalvat: an die Stelle des „Gottes" tritt das Gute, an die Stelle des Helden der Heilige, an die Stelle des Hortes der Gral.

X.
SIEGMUND.

Im Jahre 1848 entwarf Wagner seine Studie „Der Nibelungen-Mythos", worin der Inhalt der späteren Tetralogie „der Ring des Nibelungen" bereits vollständig mitgeteilt ist. Wir lesen da (II, 204—205): „Die Absicht einer höheren Weltordnung ist sittliches Bewusstsein. Das Unrecht, dass die Götter verfolgen, haftet aber an ihnen selber. Aus den Tiefen Nibelheims grollt ihnen das Bewusstsein ihrer Schuld entgegen. Nur ein von den Göttern selbst unabhängiger freier Wille, der alle Schuld auf sich selbst zu laden und zu büssen imstande ist, kann den Zauber lösen, und in dem Menschen ersehen die Götter die Fähigkeit zu solchem freien Willen. Im Geschlechte der Wälsungen soll endlich jener Held geboren werden. Eine unfruchtbar gebliebene Ehe dieses Geschlechtes befruchtete Wotan durch einen Apfel Holdas, den er das Ehepaar geniessen liess: ein Zwillingspaar entsprang der Ehe." Dieses Zwillingspaar ist Siegmund und Sieglinde. In der ausgeführten Gestalt des Dramas findet sich nicht mehr das Wunder des „Apfels", sondern an Stelle des symbolischen Zaubers tritt bedeutsam die Vaterschaft des Gottes selbst, der „als Wälse wölfisch im Walde schweifte", um nach seiner Gattin Fricka Klage sich zu der „niedrigsten Schmach" der Menschenerzeugung zu neigen. In diesen Menschen, den „Wälsungen", lebt also das Wesen des Gottes fort, dieses stürmisch-stolze, herrisch-gewaltsame Wesen, mit der ganzen düsteren Last seiner

Schuld. Nicht ein Kind wonniger Liebe, ein Sprössling des göttlichen Unrechts ist dieser über alles traurige, tragische Held, der sich „Wehwalt" nennen muss, denn „des Wehes waltet er nur", und „Misswende folgt ihm, wohin er sich wendet, Misswende naht ihm, wo er sich neigt". In tiefsten Leiden hat ihn der Gott erzogen: Mutter und Schwester dem Knaben von wütenden Feinden getötet, geraubt, der Vater selbst nach wilder blutiger Jugendzeit auf den Wolfspfaden der Verfolgung und Verbannung spurlos entschwunden —: einsam in aller Welt, verfehmt und geflohen, verfolgt und verflucht, so steht dieser düstere Göttersohn allen Schlägen des Schicksals preisgegeben. Nichts ist ihm eigen als eine Verheissung auf eine Waffe, die er „fände in höchster Not", und in seinem Herzen ein fragloses Gefühl wahrhaftigen Heldentumes: beizustehen dem Schwachen und zu rächen das Unrecht, wo er es trifft. Hier erschimmert das Ideal in die Finsternis der wildesten Leidensgeschichte!

In seines grimmen Sippen-Feindes Haus jagt das Unheil den flüchtigen Helden, der gegen dasselbe feindliche Geschlecht ein „trauriges Kind" vor erzwungener Vermählung bis zum Tode tapfer geschirmt. In Sturm und Wetter, wie dahergeführt auf den gewaltigen Schwingen des Atems seines göttlichen Vaters, der selbst als Sturmgeist wild die Welt durchbraust, so tritt Siegmund unter Hundings Dach. Wieder ertönen in das Gewittertoben die Hammerschläge des Donner aus „Rheingold"; — wollen sie abermals einen glänzenden Himmelsbogen zaubern zum Einzuge in ein leuchtendes Hoffnungsgebäude, wie einst, da die Götter lachend die prangende Walhall bezogen? Wohl steigt auch hier in Hundings nächtlicher Hütte ein schönes, heilendes Licht vor den Augen des niedergesunkenen Flüchtlings auf: er sieht Sieglinde. Auch sie ein solches trauriges Kind, auch sie von früher Jugend her durch rauhen Raub dem grimmen Feinde ihres Hauses gewaltsam angezwungen, eine Unselige, die nun den gleich Unseligen labt! — Sie blicken sich in die Augen, diese zwei einsam einzigen Wesen auf der weiten wilden Welt, in denen das Sehnen des Gottes nach Befreiung von seiner Schuld fortlebt. Sie kennen sich nicht, sie wissen nichts von ihres Vaters Willen, und doch — wen könnte ein Siegmund lieben als Sieglinden, wen Sieglinde als Siegmund?! In höchster Not das einzig selige Heil ist diese Stunde, da sie sich in die Augen blicken. Dieser heilende Blick giebt dem wunden Helden die verheissene Waffe zur befreienden That. Doch wie anders ist diese That, da er in „heiligster Minne höchster Not" das göttliche Schwert dem Eschenstamme entreisst, wohinein es für ihn erst der Vater gestossen, — und jene That des Siegfried, der in jugendlustiger Freiheit jubelnd die Schwertesstücke, die keiner schmieden konnte, sich selbst zur neuen Waffe zusammenschweisst! Vom untilgbaren Fluche seines Daseins getrieben flüchtet sich das unselige Paar aus jäher Wonne in tödliches Weh. Im letzten Augenblick ihrer höchsten Liebesfreude, da sie Heil und Befreiung in einander gefunden zu haben wähnen, haben sie ahnungsvoll erst ihr zwingendes Geschick erkannt: sie beide sind ihres Vaters Kinder, die letzten Lebendigen des wunderbaren Götterstammes; und sie retten den Stamm vor dem Untergange, retten ihn nicht durch ihre selige Liebe, sondern durch ihr eigenes tragisches Lebensopfer. Die Selbsttäuschung des schuldbeladenen Gottes vernichtet nun auch ihren rechtlosen Bund nach dem Spruche der ehehütenden Göttin. Frickas Willen muss Wotan gewähren: „Siegmund falle! Das sei der Walküre Werk!" Er selbst herrscht durch Verträge; noch ist seines Speeres Schaft, der die Vertragsrunen trägt, nicht an der selbst geschaffenen Waffe des wahrhaft freien Helden zersprungen. Seines Willens Sprösslinge stehen unter dem Gesetz, das auch seinen Willen zwingt, und büssen in ihrer That die Schuld der Götter, ohne sie davon zu befreien. Siegmund stirbt, wie er gelebt, im wilden Wettersturme, im Ringen mit dem verfolgenden Feinde, trotzigen Mutes jedes Drohen der warnenden Walküre verachtend, nur Liebe im Herzen für das eine, einzige holde Bild seines Lebens, das mitgeborene, mitleidende Weib, um dessen Blick er Walhalls Wonnen und Wotans Götterschaft verschmäht. Droht diesem Weibe das Unheil durch seinen Tod, so will er eher es selber töten und mit ihm das Kind, das aus der Ältern Wehe nur neuem Elend erwüchse! Einzig der Walküre Mitleidsruf: „Das Schlachtlos wend' ich!" bannt der verzweifelten Liebe Todesstreich; doch als er dann zurückgefallen auf Siegmunds Haupt, da ist es Sieglinde, die Mutter, welche dem Kinde den Schutz der Walküre brünstig erfleht und mit den Tönen der „Liebeserlösung" der mitleidvoll rettenden Jungfrau den Verzweifelungsdank einer Todgeweihten darbringt. Das Edelste, Reinste, Menschlichste in der wehdurchwühlten Brust dieses gottgezeugten Heldenpaares, als ein heiliges Friedenslicht in den Wettern der Schuld und des Schicksals hat es nun Brünnhildens Herz beseelt: nicht nur zur Rettung eines Stammes, — zur Erlösung einer Welt.

XI.
HAGEN.

„Schwörst du mirs Hagen, mein Held?" So hören wir in nächtiger Zwiesprach den Nibelungenfürsten Alberich seinen finsteren Sprössling fragen. Hagen ist Alberichs Held: ein Held der Nacht, des Neides, der Vernichtung. Wie im mythischen Hintergrunde der Tragödie dem „Lichtalben" Wotan der „Nachtalbe" Alberich gegenübersteht zum Kampfe um die Welt: so auf den Boden des Heroentums dem lichten Helden vom Wälsungen-Stamme der dunkle Held aus Nibelungengeblüt. — Schon in der „Walküre" hören wir von Hagen, als Wotan im verzweifelten Aufgeben seiner Weltherrschaft den Sohn des Nibelungen zum Welterben weiht: „Was tief mich ekelt, dir geb' ich's zum Erbe; der Gottheit nichtigen Glanz: zernage ihn gierig dein Neid!" Dieser furchtbaren Weihe entspricht gegensätzlich dann jene frohlockende Kunde an Erda im „Siegfried": „Weiht' ich in wütendem Ekel des Nib'lungen Neid schon die Welt: dem herrlichsten Wälsung weis' ich mein Erbe nun an!" Und so treten sich dann auch in der Sphäre der wirklichen Menschenwelt, bei den Gibichungen am Rhein, der Wälsung und der Nibelung gegenüber. Dort ist Hagen, obwohl der jüngere Halbbruder Gunthers, durchaus der ratende

Leiter und Lenker des „sommerlich reifen Stammes" durch die „ihm allein gewordene" Weisheit, seine überwältigend verführerische Nibelungenlist. In schlau und geschickt geflochtenen Schlingen, Zug um Zug, fängt er sich die beiden Gibichungen, Mann und Weib, in jener meisterlichen Scene der „Götterdämmerung" I. 1., für seinen finsteren Plan. Er knüpft an die Ehelosigkeit des geschlechtsstolzen Gunther an, um ihm Brünnhilden zu rühmen; aus der Unmöglichkeit für Gunther, Brünnhilden selbst zu gewinnen, leidet er ihn auf den Wunsch, Siegfried für die That zu werben; Siegfried zu werben, wirft er als Verlangen der weiblichen Sehnsucht nach dem herrlichsten Helden der leicht bezauberten Gutrune zu; und das Mittel dazu ist jener Vergessenheitstrank, der zauberkundigen Nibelungen eigenstes Werk, der konzentrierte Ausdruck des verblendenden Bösen, das in der Welt überall die arglosen Helden überlistend zum Falle bringt. Mangelte noch etwas, um Gunther entscheidend zu gewinnen, so giebt Hagen das unwiderstehlich glänzende Bild des Nibelungenhortes mit darein, der mit Siegfrieds Herrendienst gleichfalls zum Mittel der mächtigsten Erhebung des Gibichungengeschlechtes dienen würde. Der Hort ist es schliesslich, der Gibichung und Nibelung zum Untergange des Wälsungen aufs Innigste verbindet. Um des Hortes willen, des Nibelungen Erbe, ward Hagen geboren, trat Hagen bei den Gibichungen in seines Lebens einzige Wirksamkeit, wird Hagen noch einmal, als Siegfried schon in seiner Gewalt sich befindet, durch seinen dämonischen Erzeuger Alberich in jener nächtigen Zwiesprache wild drängend „der Macht gemahnt, der er gebietet".

Aber wenn in „Siegfrieds Tod" Hagen dem Vater noch verhiess: „Den Ring sollst du haben, Nibelungenfürst, frei sollst du sein!" so sagt er dafür in der späteren „Götterdämmerung": „Den Ring soll ich haben" und in seinem Wachtgesange: „Mir aber bringt er den Ring!" Hier erscheint also das Böse aufs Vollkommenste entwickelt, zwiespältig, gegen sich selbst durch die zersetzende Macht des Egoismus. Dieses Böse muss endlich zu Grunde gehen an dem eigenen Wollen, an dem Untergange des Edelen. Mit Siegfrieds Tode ist das Gericht über eine ganze Welt gesprochen, in welcher die Wahrhaftigkeit des reinen Menschenwesens dem Trugspiele des Bösen erliegen musste; und mit dem Weltgerichte der Götterdämmerung versinkt auch das Böse, dieser Welt waltende Macht, um die Macht betrogen, in dem Urelemente, dem einst die Welt an das Licht des Tages enttauchte, gleichwie Alberich aus Nibelheims Tiefen hervorklomm in die Flut des Rheines, das Gold ihr zu rauben mit dem Liebesfluch. Als nicht mehr Siegfried der Held, als Brünnhilde die aus Liebe Wissende Hagen gegenüber steht, ist das Gericht vollzogen, entschieden das Schicksal der Welt: jener Liebesfluch des Bösen, in Hagen verkörpert, vernichtete die von der Liebe lebende Welt, aber der Liebessegen des Guten, verkörpert in Brünnhilde, befreit aus der untergehenden Welt der edelsten Liebe ewiges Ideal. —

XII.
SIEGFRIED.

Die Natur-Art, aus welcher alle wahren Heldengestalten entsprossen, hat die reinste Form der Persönlichkeit in dem Mythen-Bilde des Siegfried gewonnen. Wagner selbst sagt in der „Mitteilung an meine Freunde": „Alle unsere Wünsche und heissen Triebe, die in Wahrheit uns in die Zukunft hinübertragen, suchen wir aus den Bildern der Vergangenheit zu sinnlicher Erkennbarkeit zu gestalten, um so für sie die Form zu gewinnen, die ihnen die moderne Gegenwart nicht verschaffen kann." „In dem Streben, den Wünschen meines Herzens künstlerische Gestalt zu geben, und im Eifer, zu erforschen, was mich denn so unwiderstehlich zu dem urheimatlichen Sagenquelle hinzog, gelangte ich Schritt für Schritt in das tiefere Altertum hinein, wo ich dann endlich zu meinem Entzücken, und zwar eben dort im höchsten Altertume, den jugendlich schönen Menschen in der üppigsten Fülle seiner Kraft antreffen sollte. Ein Gewand nach dem andern, das ihm die spätere Dichtung umgeworfen, vermochte ich von ihm abzulösen, um ihn so endlich in seiner keuschesten Schönheit zu erblicken." „Erst jetzt auch erkannte ich die Möglichkeit, ihn zum Helden eines Dramas zu machen, was mir nie eingefallen war, so lange ich ihn nur aus dem mittelalterlichen Nibelungenliede kannte." (IV, 381—382.) „Er war mir der männlich verkörperte Geist der ewig und einzig zeugenden Unwillkür, des Wirkens wirklicher Natur, des Menschen in der Fülle höchster unmittelbarer Kraft und zweifellosester Liebenswürdigkeit." (340.)

Im „jungen Siegfried" finden wir die reine Natur des sonnigen Helden zunächst in einen charakteristischen, ja drastischen Gegensatz gestellt zu der unheimlichen Nibelungenart seines tückischen Erziehers, des Zwergen-Schmids Mime. In jener dunkeln Schmiedehöhle Mimes, wie später an dem fürchterlichen Hortlager Fafners, da berühren wir gleichsam die elementaren Tiefen der Natur, welche nicht nur Erz und Gold, sondern auch all die heimtückischen und gewaltsamen Gefährdungen für eine arglos darüber hinwandelnde oder kühn eindringende Menschheit bergen; und doch kann nur erst die leuchtende Blüte der Natur, der Mensch, aus ihren toten und zerstückelten Elementen lebendige und künstlerische Werte und Werke schaffen. Nur Siegfried schmiedet sich in Mimes Höhle aus Trümmern das neue Schwert. Nur Siegfried gewinnt sich mit Fafners Hort die Wunder des Ringes und Tarnhelms, und lernt durch seine eigene Heldenthat gegen die Schrecken der Natur im mütterlich heimatlichen Weben des deutschen Waldes auch deren geheime Stimme und in ihr sich selbst verstehen. Nur Siegfried, der unbedingt frei waltende, der Stimme der Natur allein folgende kindlich reine Mensch vermag es, in dem Speere Wotans die künstlichen Verträge einer schuldbeladenen Dämonen-Welt zu zerschlagen, und auf eigenen Füssen, aus eigenem Empfinden, mit eigener Kraft furchtlos durch das Feuer des eigenen jugendlichen Schicksals dringend, den höchsten Triumph seines Willens zum Leben in dem jubelnden Gewinne des Weibes zu feiern.

Aber hiermit beginnt die Tragödie. Hier stellt sich dem Einen das Andere gegenüber: er erfährt an sich, in erster, bald vergessener, jäher Furcht, die Zerspaltung des Daseins in die Zweiheit der Geschlechter. Auch in dem entzücktesten Augenblick ihrer Vereinigung zwingt ihnen die „leuchtende Liebe" das Wort vom „lachenden Tode" auf die selig singenden Lippen. Das menschliche Schicksal beginnt seinen Gang über die Heldenschritte des Einzelwillens hinaus. Das Böse gewinnt die Truggewalt der Trennung über die liebend Vereinten. Es folgt der Held seiner Natur, und Siegfried zieht auf „neue Thaten"; es folgt auch das Weib seiner Art, und wissend um die Not der Götter weigert dennoch Brünnhilde der flehenden Botin aus Walhall die welterlösende Entsagung vom Ringe „in dem seligen Himmelsnebel" ihrer Liebe, deren Pfand er nun geworden ist.

In der Liebe zum Weibe hat Siegfried, dem bisher all sein Leben nur seine eigene That gewesen, zuerst ein Anderes erlebt, eine wunderbare Erfahrung, die er vergessen kann. Mag man den „Vergessenheitstrank", der ihm bei den Gibichungen gereicht wird, symbolisch auffassen als ein Bild des seelischen Zaubers, dem das männliche Wesen nach dem Erwachen der ersten Liebe gegenüber der Anmut des Weiblichen in der Welt erliegt, oder mag man in dem Zaubertranke lediglich die dramatische Thatsache sehen, dass Siegfried, der arglose Reine, in dem zweiten Theile seines Lebens dem wohl vorbereiteten Bösen und den ihm eigentümlichen Trugmitteln verfallen muss, gleichwie ein ehrlicher dramatischer Held sonst wohl der „Intrigue" überlistender Tücke: immer wird man bemerken, wie auch unter diesem Nibelungen-Zauber, worin alle Welt-Arglist hier sich poetisch konzentriert, doch der persönliche Charakter, der eigene Wille Siegfrieds unausgelöscht und unverändert bleibt. Fröhlich drängt er noch jetzt auf jedes nächste kühne Abenteuer fort; und furchtlos aus dem Feuer freit er für Gunther die wilde Felsenfrau. Unbekümmert um das drohend aufsteigende Wetter des Truges und der Rache, ein freier Mann unter Männern, verachtet er die Lüge des „schamlosen" Weibes, das ihn, den Wahrhaftigen, selbst der Lüge verklagt; und lustigen Mutes treibt er zur Hochzeit mit Gutrune in Gibichshof. Ja, endlich noch einmal der Natur zu freundlicher Zwiesprache heimgegeben, schenkt er den Rheintöchtern nur deshalb nicht den erbetenen Ring, dessen Hingabe sein Leben ihm retten könnte, — weil die schwatzenden Nixen warnend ihm mit dem Verderben drohen, das an den Reif sich hefte, und das er als furchtloser Held verlacht! „Wozu mein Mut mich treibt, das ist mir Urgesetz. Zeigtet ihr mir die Möglichkeit, die Götter zu bewältigen, so müsste ich nach meinem Mute sie bekämpfen. — D'rum lache ich eurem Drohen: der Ring bleibt mein, und so werfe ich das Leben hinter mich!" (Wagner, der Nibelungen-Mythos, II, 211.) Damit verfällt er Hagens Speere! Doch aus dem „lachenden Tode" geht auch die „leuchtende Liebe" nun rein und herrlich ihm wieder auf: „Brünnhilde, heilige Braut! Wach auf! Öffne dein Auge!" Der Lebenswille kehrt im Tode heim zu jener Einheit, die im Spiele der Erscheinung tragisch gebrochen wird. Die „selige Öde auf sonniger Höh" ist wieder erstiegen, die Braut erweckt, Brünnhilde bietet ihm Gruss: „Siegfried! Siegfried! selig grüsst dich dein Weib!" — Wie hier der Tod als der letzte sieghafteste Triumph des Lebens erscheint, so feiert ihn auch die Musik in jenen erhebenden Trauerklängen, welche Siegfrieds hehre Gestalt aus den Schauern der Schicksale, aus der Tragik seines Geschlechtes, mit den heroischen Tönen des Schwertmotives, dem klingenden Zeichen seiner freien Willensthat, rein und gross emporsteigen lässt zur Glorie des siegreich vollendeten Ideals irdischer Heldennatur. — Doch diese Klänge irdischen Heroismus verhallten in den Nebeln der Nibelungenwelt. Ein Siegfried ging unter durch tückische Vernichtung, da er der ganzen Welt des Bösen und Falschen nur seinen Mut entgegenzusetzen hatte. Eine Brünnhilde aber hat mehr der Welt zu bieten, als ihr hehrster Held: sie geht nicht nur unter, als vernichtet durch das Arge; sie opfert selber ihr Leben in Liebe, und äussert in dieser That eine höhere Kraft. Nicht aber innerhalb der strenge gezogenen Grenzen jener grossen urheidnischen Götter- und Welt-Tragödie, deren Helden alle als ihr Ziel „das Ende — das Ende" finden, gelangt diese höhere Kraft zur Wiedergeburt. Nicht in der Sphäre der Natur, in einer andern, sittlichen Welt nur ist dies möglich, — dahin uns die Musik, in dem wonnig melodischen Ausklingen von Brünnhildens Scheidegesange am Schlusse der „Götterdämmerung", sich eben noch hinüberzuschwingen scheint. „Das Auge des Gehörs" — nach Wagners Ausdruck — erblickt hier ahnungsvoll die neue Welt. Es ist dies aber die Melodie von Sieglindens Mitleidsdank aus der „Walküre": „O schönstes Wunder: herrlichste Maid!" —

Das Wunder der rettenden Liebe, welche dem Mitleiden entsprosste, wird erst dort zu einer neuen Welt verwirklicht, wo das mitleidend vergossene Lebensblut des Gottes der Liebe selber, „heilthatvoll wissend", verehrt wird: bei der christlichen Ritterschaft des Grales. — Doch um bis auf jene heiligen Höhen zu gelangen, muss menschlicher Liebesgeist noch durch die allertiefsten Tiefen des Erdenleids hindurch, die Kraft seiner Wahrhaftigkeit tragisch bewährend im Kampf mit dem Scheine bis zum Tod: — „Tristan und Isolde". —

XIII.
TRISTAN.

„Während der Dichter des Siegfried, den grossen Zusammenhang des ganzen Nibelungenmythos vor allem festhaltend, nur den Untergang des Helden durch die Rache des mit ihm sich aufopfernden Weibes in das Auge fassen konnte, findet der Dichter des Tristan seinen Hauptstoff in der Darstellung der Liebesqual, welcher die beiden über ihr Verhältnis aufgeklärten Liebenden bis zu ihrem Tode verfallen sind. Hier ist nur breiter und deutlicher gefasst, was auch dort unverkennbar sich ausspricht: der Tod durch Liebesnot." (Wagner, Ges. Schr. VI, 379.)

Liebe und Tod! Ihre unlösbare Verwandtschaft hat der menschliche Geist von jeher tiefsinnig geahnt und in mancherlei Bildern der mythischen Phantasie dargestellt. In Wagners Tristan-Dichtung bilden sie den tragischen Stoff, der sie ganz erfüllt. Nur zwei Helden erscheinen fast durch das ganze Drama vor unseren Augen: Helden der Liebe, die in einem verhängnisvollen Tranke — nicht etwa einen „Zauber" getrunken haben, sondern den Tod getrunken zu haben wähnen. Aus dem „Zaubermittel" der Sage hat Wagner ein dramatisches Moment gemacht, indem er den Zauber der Liebe nicht von dem Tranke, sondern von dem ersten Blicke des wunden Helden auf Isolde ausgehen lässt. So hat denn in der That der Zauber des höchsten, männlich verkörperten Heldentums selber hier die Tragödie der Liebe gewirkt. Und nicht wird uns dieser ritterliche Neffe des Kornwall-Königs, wie sonst so oft in Ermangelung wirklicher Thaten, mit hochtönenden Worten von seinen heldentümlichen Fähigkeiten und ungesehenen Abenteuern geschildert. Was ihn als herrlichen Helden preist, das ist die glaubhafte Stimme des Volkes, das sind die treuen Seelen eines Kurwenal, einer Brangäne, und die populären Lieder der tapferen Krieger seines Geleites. Aber mehr als das! Bevor wir diesen hohen, ehernen Helden — ein furchtbar ergreifendes Schauspiel — wie zertrümmert und zerschmolzen sehen müssen in der Flammenglut der Liebe, giebt er sich uns zu erkennen als der starke, trotzige, moralische Held, das heisse Herz in das feste Erz der Treue gepanzert, als er Isolde zu Schiff seinem Oheim zuführt und in höchstem Ehrgefühle und strenger Wahrung der Sitte ferne sich hält von der „lichten" Königsbraut. Isolde, in der tiefsten Verletzung ihres an seinem Blicke entflammten, schmerzlich verhohlenen

Gefühles für die Herrlichkeit dieses einen Mannes, der sie schweigend verliess, da sie ihn, den Feind, von tödlicher Wunde geheilt, der schweigend wiedergekehrt, sie für den Anderen zu freien, der schweigend ihr ferne bleibt, seine stolze Mannesehre zu wahren — sie weiss sich keinen Rat als den verzweifelten Entschluss des gemeinsamen Endes. Aber auch Ihm bedeutet dieser Tod nicht irdische Sühne, sondern Erlösung; durch den Trank der Herrlichsten, zu der er, der kühne Held, das Auge nicht zu heben gewagt, die er nur dem edelsten, geliebtesten Herrscher schweigend gegönnt, löst nun auch ihm der Tod das Band der Treue zur Welt, und die Zunge zum Bekenntnis des tief verschlossenen Rätsels seiner Seele. Und in diesem Augenblicke ihrer Todesgewissheit, die ihnen das wahnbefreite Wort ihrer Liebe wie durch ein übermächtiges Wunder auf die Lippen drängt — da müssen sie erfahren, dass sie n i c h t den Tod getrunken, dass der Trank vertauscht ward, dass sie l e b e n müssen in derselben Welt, mit der sie sterbend gebrochen zu haben glaubten, und der sie nur die Treue gebrochen haben, in der höchsten Treue gegen die Wahrhaftigkeit ihres eigenen Gefühls.

Der denkbar fürchterlichste tragische Moment ist hiermit eingetreten: der Liebeszauber, den der Aberglaube der Zeit dem vertauschten Tranke andichtet, hat nun wirklich Gewalt über sie; denn die so lange verschwiegene Leidenschaft ihrer in der Lebenstiefe aufgewühlten Wesen tritt in solchem tragischen Zwiespalte gegen die ganze umgebende Welt nun mit der Vollgewalt eines Übernatürlichen, eines dämonisch Vernichtenden auf, das sich ausser den Gesetzen der

Welt nach seinem eigenen furchtbar entscheidenden Schicksale abspielt.

Jemehr die Liebenden, in der grossen Scene des zweiten Aktes, ein einziges Mal „ganz sich selbst gegeben", wie im freien Traume sich nun zurückversenken in die wunderbaren Verkettungen ihrer Geschicke, in das schimmernde Spiel des Wahnes, dem sie verfallen waren, und dem sie noch heute, fortlebend im täuschenden Lichte der Welt, getrennt sich beugen müssen: um so verzehrender klar wird ihnen das Eine, dass die Wahrhaftigkeit ihres innersten Wesens, wie es ihre Liebe offenbart, die Freiheit von allem Wahn und Schein der Welt allein in der Verneinung eben dieser Welt, im Tode finden kann: im „sehnend verlangten Liebestod". Auch hier erscheint uns Tristan wieder als Held, nicht aber mehr der Held der Welt, welche ihn von Isolde trennte, und deren glänzender Täuschung er noch einmal mit ritterlich stolzen Tönen gedenkt: sondern der Held der Liebe bis zum Tode, aus dessen männlichem Herzen zuerst die weihenden Worte sich lösen: „So stürben wir, um ungetrennt, ewig-einig, ohne End', ganz uns selbst gegeben, der Liebe nur zu leben!" — der auch, als nun die Welt in ihrer erhabensten Erscheinung, König Marke, gegen ihn den furchtbaren Bruch der Treue klagt, mit ernster Entschlossenheit Isolden auffordert ihm in das „nächtige Land" zu folgen, das seiner Mutter Erbe, sein wahres Heim ihm bedeutet. Kühn voran schreitend stürzt er sich in das Schwert des Verräters.

Damit aber ist die Einkehr in die ewige Heimat noch nicht erlangt. Der Held ist nicht mehr der

Einzelne, dessen Wille seine That ist; in der überwältigenden Macht der Liebe ist sein Leben eines geworden mit dem Anderen, dem Weibe: Dem hält nun der Tod auch die Treue in seinem Herzen. Nicht kann es aufhören sterbensmatt zu schlagen, wenn nicht im Verein mit dem gewaltsam von ihm getrennten Teile seines Wesens, wenn nicht „Isolde kam, mit Tristan treu zu sterben!" Dieser todwunde Held, auf der einsamen Väter-Burg, umweht von den traurigen Tönen der Heimatweise seines Hirten, er erschaut durch den klaffenden Riss der Trennung von seinem innigsten Eigen den grausamen Fluch des ganzen menschlichen Daseins, den furchtbar zwingenden Wahn der irdischen Liebe selbst. Geboren aus Liebes-Leid und -Tod, älternlos in die Einsamkeit des Daseins hinausgeworfen, nun wieder zurückgeschleudert in die Einsamkeit des Sterbens, so verflucht er jenen „Trank", der ihm einst Tod geben sollte und ihm das Leben wiedergab, der ihm jetzt das Symbol geworden ist für den „Willen zum Leben" selbst, diesen blinden Willen, der in ruhelosem Kreisen Tod aus Leben und Leben aus Tod erzeugt. Indem er so mit der äussersten Heldenkraft tragischer Welterkenntnis sich zur Verneinung dieser Welt erhebt, bleibt ihm über dieses Nein hinaus ein letztes heilendes, erlösendes Ja lebendig: die Liebe lebt! Mag die Welt zertrümmern, und mit ihr der Wahn und Schein, der an sie alles Lebende gefesselt hält: in der Welt lebt, zur Tragik des Daseins verdammt, die eine hehre Macht, welcher der Tod selbst ewiges Leben bedeutet! Über den Trümmern der Wirklichkeit schwebt, von der Individuation befreit, der Geist der Wahrhaftigkeit des innersten all-einigen Lebensgefühles einer seligen Freiheit von allem Wähnen und Wissen zu. So stirbt Tristan in Isoldens Armen, so endet Isoldens Leben in Tristans Tode: „In des Weltatems wehendem All ertrinken — versinken — unbewusst — höchste Lust!" —

XIV.
MARKE.

Der erste Blick in das Kunstschaffen Wagners scheint uns ein Bild des mit unbeschränkter Wahrhaftigkeit waltenden Lebenswillens, der unbedingten Bejahung des Daseins zu zeigen. Es ist die schöpferische Kraft der Künstlernatur selbst, welche mit der vollen Strömung der Musik solch unerhörte Lebensfülle in diese, der Volksphantasie längst verblassten, Sagengestalten ergiesst und sie zu ungeahnt neuer künstlerischer Wirklichkeit erweckt. Verfolgen wir nun aber die weitere Entwickelung derselben Tragödien, so bemerken wir, wie mehr und mehr über den ursprünglich wirkenden Schöpferwillen des Künstlers als dessen eigentliche Blüte sich ein Anderes erhebt. Sei es, dass wir die Helden, wie einen Holländer, Tannhäuser, Wotan, aus der tragischen Not ihres Willens zur Erlösung durch die Mitleidsthat des Weiblichen geführt sehen, sei es, dass sie, wie ein Lohengrin, Siegfried, Tristan, aus der Fülle des Lebens zum Scheiden von ihm, zum Untergang und Tod getrieben werden: der Lebenswille erscheint zur Umkehr, zur Verneinung gewandt, selbst wenn er, wie im Siegfried, bis zum letzten Augenblicke nur sich selber will, und aus diesem sieghaften Selbstgefühle des naiven Heldenwesens das Todeswort spricht: „Leben und Leib, so werf' ich sie weit von mir!" Dergestalt entwickelt sich bei Wagner, als ein echt tragischer Prozess, aus dem Drama der Willensbejahung das Ethos der Willensverneinung, der Entsagung, der Selbstaufopferung, der leidenden Liebe, des erlösenden Mitleids; und damit wird uns der schöpferische Künstler im Kunstwerke selbst, ohne jede äussere Moralisierung, zum welterkennenden Weisen, der an das Ende der Welttragödie das Bild der Heiligkeit uns vor Augen stellt.

Ein solches Bild erscheint nun bereits vorgebildet im König Marke. Nicht etwa im Sinne einer religiösen Heiligkeit! Von Religion, oder gar von Christentum, ist kein Wort zu hören in dem durchaus heidnisch-menschlichen Bereiche des Dramas aus alter Sagenzeit: von „Tristan und Isolde". Wir befinden uns da von vornherein auf ganz anderem Gebiete, wo das „Heilige" nicht in der Zuwendung zur Gottheit, sondern nur erst in der Abwendung von der Welt bestehen kann. Wohl wenden auch Tristan und Isolde sich von ihr ab; vom Tage wenden sie sich ab zur Nacht: sie verneinen ihr Leben selber; leidensflüchtig im höchsten Leiden, suchen sie das Heil der Abwendung allein im Tode. Eben dieses Drama leidenvollster Selbstentsinnlichung bis zur Verklärung im Tod trat in der Bayreuther Darstellung des Werkes seit 1886 besonders überzeugenddeutlich hervor. Um so bedeutender erschien denn auch hier die Gestalt Markes den Liebenden gegenüber. Er hält im Leben aus; indem er es nicht für sich durch den Tod, sondern durch edle Güte für andere zu überwinden, und so zu verklären sucht. In dieser moralischen Wendung seiner Abwendung liegt das Moment seiner Verwandtschaft mit dem, was wir auf religiösem Gebiete das Heilige nennen. —

Der gewaltigen Einzigkeit der Liebesleidenschaft gegenüber, welche das Drama von „Tristan und Isolde" erfüllt und ihre ersehnte Verklärung zur idealen Freiheit nur im Tode vollendet finden kann, stellt sich die bereits im Leben vollzogene Willensabwendung um so erhabener in dieser einen königlichen Gestalt des Vertreters der Sittlichkeit dar. Es ist eines der merkwürdigsten Wahrzeichen für die dichterische Eigenart Wagners: was ihm hier aus der beinahe lächerlichen Person des „Kornenfürsten" im mittelalterlichen Epos geworden ist. Dort nur der schnöde betrogene Eheherr, der sich mit niedrigen Listen an seinen Betrügern tückisch zu rächen und ihre Falschheit schlau zu entlarven sucht, ohne höhere moralische Würde und Bedeutung, — erscheint er hingegen bei Wagner als die überragende Personifizierung des Ethos der Tragödie selbst. Er ist der Held der Resignation, und insofern ein grösserer, gegenüber jenen leidensvoll ringenden Helden der Liebe, welche in dem tragischen Zwange, der sie zum Bruche des Lebens führt, vielmehr das tiefste Mitleid herausfordern. Wie sehr aber ist dieser Marke missverstanden worden, wenn man ihn als einen greisen „Schwächling" auffasste, dessen Gelassenheit beim „Ehebruche" seines Freundes und seiner Gattin nur etwa durch sein

„müdes Alter" zu entschuldigen sei! Dieser Marke hat schon mit dem kinderlosen Tode seines ersten geliebten Weibes, aus der schmerzlich gewonnenen Erkenntnis des einsamen Weisen, auf Leben und Lebensglück resignirt. Nicht das Alter — denn er soll nach Wagners eigener Bestimmung ein kräftiger Mann zwischen 40 und 50 Jahren sein —, sondern eben diese tiefe, reife Erkenntnis von der Nichtigkeit der Welt, von dem Wahne der Macht, des Ruhmes und Glückes, hat ihn dahin geführt, auf seine irdische Herrschaft zu Gunsten des jungen, so herrlich erblühten Helden des Lebens, Tristan, zu verzichten.

Aber da fordern noch die lebenden Mächte, Volk und Hof, seine fürstliche Pflicht: sie verlangen von ihm den Erben, die zweite Vermählung, die Rückkehr zum Leben, ja, Tristan der Geliebte selber droht ihn zu verlassen, wenn er ihn nicht auf Werbung der Braut entsendete, die er in der Ferne als einzig würdig solch edelsten Fürstenherzens kennt. Dem Wunsche der Seinen mit königlicher Treue zu genügen: „da liess er's denn so sein". Aber im Anblicke des „wundervollen Weibes", „die so herrlich hold erhaben ihm die Seele musste laben", erkennt sogleich sein weises und edeles Gemüt, dass „sein Wunsch ihr ehrfurchtsscheu entsagen" müsse. Sie, die Liebenswerteste der Frauen, die ohne Liebe ihm gesellt ward, frei bleibe sie von der Schmach des Zwanges an seiner Seite, der da gelernt hat seinem Willen Schweigen zu gebieten, und kein fremdes Dasein durch sein Begehren je zu verletzen! Er vollzieht die Ehe nicht mit ihr, treu seinem eigensten Wesen, dem königlich erhabenen Gefühle des ethisch Wahren und Schönen;

und dass er dies thut, nicht als ein Todverfallener in greisem Haar, sondern als der hohe fürstliche Mann und Held, dies eben giebt ihm seine überragende sittliche Grösse. Als ein solcher Mann entdecken muss, dass in den beiden geliebtesten Wesen der jugendliche, fessellos starke Lebenswille sich gefunden und verbunden hat: der idealen Wahrhaftigkeit dieser Verbindung gegenüber, die er vor seinem Gewissen nicht einmal als „Ehebruch" verklagen kann, wo für ihn keine Ehe bestand, — wie würde er sich auf den Standpunkt eines Melot erniedrigen, wenn er die wonne- und wehevolle Tragik des Menschenherzens nur obenhin ausgleichen wollte nach der Weise eines ritterlichen Ehrenhandels, etwa durch das roh und heftig gezückte Schwert des beleidigten Ehemannes, unfürstlich vor den scheelen Blicken seiner Edelen, unedel selbst vor dem herrlichen Weibe, dessen Anblick ihm die volle Würde der Resignation zurückgegeben hatte?! Und zugleich mit dieser Würde — welch ein schönes Zeichen wiederum seines wahren sittlichen Adels — fühlte er ja sein entsagendes Herz in der Nähe des hehren Weibes selbst zur Weiblichkeit zartesten Empfindens so innig erweicht und „fühlsamer geschaffen als sonst dem Schmerz". Was er aus dieser Empfindung heraus jetzt noch zu sagen und zu klagen hat, das ist das tiefe Wehe über den Treubruch des treuesten Freundes, über die grausame Entschleierung eines letzten schönen Lebenswahnes.

Mit dieser seiner grossen erschütternden Klage über die gebrochene Treue steht Marke wohl selbst wie ein Richter des tragischen Wahnes vor uns: aber er bleibt nicht der Richter; denn in seiner Brust schlägt unertötbar das grosse, entsagende und mitleidende Herz. Noch bis zuletzt hat er menschlich gewähnt, durch eine äussere Bethätigung seiner Resignation das tragische Ende von den Liebenden fern zu halten, sie, in deren Liebe er nur das Leben selber walten sah, zum freien Bunde im Leben vereinen zu können. Doch „Unglückes Ungestüm" kann menschliches Hoffen und Raten nicht hemmen: „nichts anderes als den Tod giebt es hier zu kiesen!" Über den Leichen der nun wahnlos vereinten Geliebtesten erhebt das überlebende, menschlich-wahrhaftige Mitleiden die segnende Hand der entsagenden Liebe. Im letzten tiefen Leiden dieses edelen Mannes fühlen wir nun allen Wahn, alle Schuld, alles Wehe der tragischen Helden gesühnt; in seinem weihevollen Bilde erhabener Menschlichkeit sehen wir den tiefen Sinn dieser Tragödie der Liebe, das Leiden des Lebens, mit der weltüberwindenden Ruhe des mitleidigen Helden ausgesprochen, der in der Vereinigung mit der Gottheit zum Heiligen wird.

XV.

PARSIFAL.

Die beiden Charaktere der Heldenschaft, welche wir bei Wagner bisher in einzelnen Gestalten getrennt verkörpert sahen, zeigt uns verbunden sein letzter Held: Parsifal. Er ist der junge Siegfried, der den Heiland findet. In einem seiner letzten Aufsätze, welche der

Zeit der Vollendung des „Parsifal" angehören, in „Heldentum und Christentum", sagt Wagner: „Für unsere Absicht ist es wichtig, den Helden wiederum da aufzusuchen, wo er gegen die Verderbnis seines Stammes, seiner Ehre mit Entsetzen sich aufrafft, um durch eine wunderbare Umkehr seines Willens sich im Heiligen als göttlichen Helden wiederzufinden. Wir sehen von dann ab den Heiligen in der Ertragung von Leiden und Selbstaufopferung für andere den Helden noch überbieten; fast unerschütterlicher als der Stolz des Helden ist die Demut des Heiligen und seine Wahrhaftigkeit wird zur Märtyrerfreude." (X. 356—357.)

Durch die Musik ist es dem Drama Wagners ermöglicht worden, die innerlichsten Erlebnisse der Menschennatur zum Gegenstande der künstlerischen Darstellung zu nehmen; und ein solches innerlich-religiöses Erlebnis (das Bedeutsamste aller!) ist es, was im „Parsifal" die Heldengestalt zum Heiligen werden lässt.

Auch dieser Parsifal tritt von Anfang an in glaubhaftester Weise als der geborene junge Held uns vor Augen. Die zweifellose jugendlich heroische Eigenart seines ganzen Wesens, wie zaubert sie uns doch weit über alle Worte hinaus die Musik unmittelbar in das mitempfindende Gemüt! Er selber erscheint zunächst mit der reinen Naivetät eines ungebändigt stürmischen Kindes in einer ihm völlig fremden Welt; aber wozu dieses Kind berufen sei, das lehrt uns sogleich der Umstand, dass es das Gebiet des Grales, „das kein Sünder findet", ohne Suchen und Fragen, nach der unwillkürlichen Leitung seines eigenen Naturtriebes betreten konnte. Wir selbst befinden uns dem Bühnenweihfestspiele gegenüber, von den ersten Tönen seines Vorspieles an, in diesem Gralsgebiete und haben in solcher Sphäre unmittelbar an jenem Glauben teil, welcher den würdigen Vertreter der Gralsritterschaft, Gurnemanz, in dem wildfremden Ankömmling sofort einen „zu Gott Berufenen" erkennen lässt. Dieser jüngste Berufene aber ist jetzt noch nicht der „fromme Knecht", noch nicht der „heilige Held", zu dem ihn erst das Leben mit seinen gewaltigsten Erfahrungen machen soll: er ist ein der Mutter entlaufener Wildling, der seiner eingeborenen kühnen Art unbewusst folgt. „Schächer und Riesen traf seine Kraft, den freislichen Knaben lernten sie fürchten." Solch ein Knabe könnte, erwachsen, die Welt erobern; aber — er hat das Gralsgebiet betreten: das Licht einer höheren Gnade leuchtet um sein junges Haupt. In diesem Lichte darf er nun auch erblicken, was in dem Tempel des Grales sich begiebt. Die Feier des Liebesmahles und das Leiden des sündigen Gralshüters, er schaut es ohne es zu begreifen; wie ein Kind die ersten religiösen Vorstellungen noch unverstanden in sich aufnimmt, und nun als ein wunderbar schweigendes Bild in seiner Seele mit fortträgt, vielleicht um gar bald seiner ganz zu vergessen, bis etwa ein grosser Moment seines Lebens eintritt, in welchem mit zwingender Gewalt und ihm zum wahren Heile jenes kindisch unbegriffene Bild in seinem Bewusstsein emportaucht, und so aus dem eigenen Lebensschicksale des Menschen erst seine wahre heilskräftige Deutung empfängt.

Dies geschieht dem Jüngling Parsifal in Klingsors Zaubergarten, unter Kundrys Kuss. Auch hier ist er wieder als der junge Weltstürmer eingetreten: „Haha! Der fürchtet sich nicht! Sie weichen, sie fliehen! Seine Wunde trägt jeder nach heim!" so frohlockt Klingsor über die Niederlage seiner ganzen bezauberten Ritterschar unter des einzigen kühnen Knaben gewaltigen Thorenstreichen. Aus einer ursprünglichen, unverdorbenen, reinsten und kräftigsten Menschennatur, nicht aus einem krankhaft in sich zurückgescheuchten Grüblergeiste frühgreiser Weltbildung, erblüht das wahrhaftig lebendige religiöse Erlösungswunder. Die Heiligung des Menschen wird mit der vollen Kraft eines seelischen Naturereignisses von ihm erlebt. Dieser thörichte Knabe, unkund durch die Welt stürmend, was hat er denn bisher erlebt, was hat er geschaut, welches Bild trägt er in seiner jugendreinen Seele? Einzig jenes wunderbar geheimnisvolle, tief ergreifende, aber unverstandene Erlebnis in der Gralsburg. Wie er nun als Jüngling sein zweites Lebenswunder erfährt, den Kuss des Weibes — da entscheidet sich sein Schicksal: geht es zur Tiefe oder nach der Höhe? Aber er ist Einer, der das Gralsgebiet betreten durfte! Aus der unverdorbenen Reinheit seiner Kindesseele steigt ihm in der tiefsten Erschütterung seines ganzen Wesens jenes gleich tiefstbewahrte, eine einzige, erste Bild seiner jugendlichen religiösen Erfahrung vor dem geistigen Auge auf; und der Kuss wird ihm in dem Lichte dieser göttlichen Segnung aus blind verführerischer Lust zum hell erkannten Zeichen des Verderbens. Ja mehr noch: ihm, dem geborenen Helden, wird die Erkenntnis des Guten und Bösen ein heiligender Aufruf zur helfenden That. Jetzt begreift er das Leiden des sündigen Gralshüters, der einst demselben Kusse erlag. Jetzt versteht er auch die Klage des Heilandes, den er berufen war aus des Sünders Händen zu befreien. Sein reines Herz ist aus Thorheit zum Wissen gelangt im Mitleiden; und jetzt vollbringt er auch seine dritte Heldenthat gegen die Schächer, Riesen und Ritter dieser Welt.

Mitfühlen lässt uns dies das wundervolle Vorspiel zum dritten Akte. Kraft seiner Überwindung des Bösen im Widerstande gegen die Versuchung hat Parsifal, der Held, den heiligen Speer wiedergewonnen. Ihn zu wahren vor der ihn entehrenden und zum Verderben kehrenden Welt, führt er ihn durch „zahllose Nöte, Kämpfe und Streite" ungebraucht und „unentweiht sich zur Seite", bis er nach langer Dulderfahrt durch die Welt das heilige Gralsgebiet wieder findet. Nun ist er nicht mehr der leichthin seiner unbewussten Natur folgende Knabe, sondern ein Mann, der sich den Eintritt zum Heiligtume schwer erkämpft hat, der das Amt, das ihm auferlegt ward, sich verdient, der die Heiligung mit der duldenden Abwehr gegen alle Tücken der Welt sieghaft bewährt hat. Der Berufene ist nun auch der Auserwählte vor Gott. Der Glaube, der dem Knaben mit jenem ersten Bilde der Gralsfeier unbewusst ins Herz gepflanzt ward, der als himmlische Gnade sich ihm offenbarte in der Stunde der höchsten Gefahr für den Jüngling, im Kusse der Liebe: er ist nun That geworden in dem gereiften Manne. Der unversieglichen Quelle dieses, von einem reinen, gesunden Herzen selbst erlebten Glaubenswunders entströmen nun die reichen Liebeswerke des Heiligen. Nun erlöst sein Kuss die weinende Kundry. Nun schliesst er mit der heiligen Waffe, die nur er, der wissende Reine, wiedergewinnen konnte, des sündigen Königs Wunde. Nun befreit und enthüllt des jungen Königs Hand den Gral und errichtet in seinem Glanze ein neues Reich der ritterlichen Mitleidsthaten für alle Leiden der Welt. Die Liebe lebt, aber es ist die heilige, heilende Liebe Gottes, die Macht des Erlösers, im demutvoll heilthätigen Menschenherzen zur Freiheit des wirkenden Glaubens selbst erlöst! —

XVI.
AMFORTAS.

Auch er war als ein Held geboren und erwachsen in hochgeweihter Sphäre des christlichen Heroismus. Wer zweifelt daran, wenn er Gurnemanz' Worte hört: „Des siegreichsten Geschlechtes Herrn!" und dazu jene ritterlich glänzende, schwungvolle Weise vernimmt, welche das Glaubensthema der Gralsritterschaft umgebildet zeigt zum mannlichen Siegesrufe ihres hehren Königtums. Doch wie dumpf schmerzlich folgt gleich darauf das Andere: „Als seines Siechtums Knecht!" Wo ist der innere Übergang zwischen diesen beiden tönenden Bildern des Glanzes und des Wehes zu finden? Auch er hat Ton gewonnen in der stürmischen Figur, welche wiederum aus jenem ritterlichen Thema sich bildet, wenn Gurnemanz den Knappen von der Heerfahrt des Amfortas gegen Klingsor erzählt. Wie ist doch da aus der heilig ernsten Weise des Glaubenswunders so wild sinnlicher Ungestüm eines menschlichen Hochmuts, eines ungebändigten Willens geworden! So stürzt sich der zum Glaubenskämpfer erkorene Heldenspross wie in blinder Ruhmeslust auf das verwegenste Abenteuer; und sich selbst nicht trauend auf dem Grunde seiner Selbstüberschätzung reisst er mit sich das heilig zu wahrende Zeichen des göttlichen Speeres, als Waffe im blutigen Erdenstreit! Entsetzlichster Frevel! Dieser Speer, er hatte des Heilandes Seite durchbohrt, in der Hand jenes Heiden, der zu seines Kreuzes Füssen stand im Stolze der Weltmacht, deren reisiger Sklave er war. Was verletzt tödlich den Gott der heiligsten Liebe, wenn nicht der blinde Wille des Menschen, der nach Leben, Macht, Genuss, nach der Welt für sein Ich begehrt? Diesen bösen Willen muss die dem Heiligen geweihte Ritterschaft des Guten wahren, dass nimmer er wieder frei werde in ihrer frommen Mitte, um zu verletzen, was unverletzlich bleibt, solange es das Ideal des Grales, die göttliche Liebe selbst, als einziges Gesetz seines Lebens und Wirkens erfasst hält. Aber Amfortas erfasste den Speer! Er wollte das Böse, den dunklen Feind, der im teuflischen Egoismus die Natur selbst sich zu Diensten zwang, Klingsor, bekämpfen, besiegen durch den der frommen Hut entrissenen Speer, durch das Zeichen des Gott verletzenden Willens. Mit dieser Unthat liefert er schon den Speer in die Hand des Klingsor: der freigewordene Speer, unbehütet vom Grale, ist Waffe des Bösen. Amfortas, in Klingsors Zaubergarten eingedrungen, sinkt wehrlos in den Schoos der verführerischen Kundry, der schönen Natur im Dienste des Egoismus, des Teufels: das ist die sinnlich sündige Bejahung des Willens, das zauberische Widerspiel zum Wunder der Grals, darin sich Gott selbst für die Welt verneinte, dem Tode weihte, das Wehe des Lebens im höchsten Leiden heiligte. Nun ist der Speer dem Gralskönig entsunken, nun verwundet er ihn selber, wie einst den Heiland; aber er ist ein Mensch, und seine Wunde ist die unheilbare Wunde der Menschheit, die an ihrer gottvergessenen Sinnlichkeit dahinsiecht. Die Mächte der Bejahung und der Verneinung, die sich sonst in verschiedenen Typen getrennt gegenüberstanden, haben sich hier zwar in einem Menschen zusammengefunden, aber um in ihm selber feindlich ringend den Kampf zwischen Sehnen und Entsagen zu führen. Der Gralskönig ist weltwund geworden. Das leuchtende Heiligtum des göttlichen Erlösers selbst bedeckt nun das Düster der menschlichen Sünde. Die Ritterschaft erschlafft hoffnungslos für die Thaten der Liebe. Der alte Titurel, der an den ritterlichen Sohn die Herrschaft übertragen hatte, um im Grabe durch des Heilands Huld fortzuleben und des Grales Segen zu geniessen: wie das unsterbliche Gewissen seines Geschlechtes, lebt er noch für das tiefe Wehe um den verlorenen Sohn, um die Entweihung des Heiligtums, um das Leiden Gottes in der Hand des sündigen Hüters. Doch Hilfe ist von dem Gotte selbst verheissen! Nur Einer kann sie bringen: der den Speer wiederbringt. Nur Einer kann ihn gewinnen: der wissend geworden ist der Schuld und der Sühne, weil er mitleiden konnte in der Reinheit seiner zu Gott berufenen Natur. Klingsor, der den gefallenen Amfortas nur höhnend noch als „Helden" bezeichnen konnte, hat in des Amfortas erlösendem Nachfolger, Parsifal, den wahren Helden, Titurels echten Spross, im eigenen Untergang erkennen müssen. Der Zauber ist gelöst. Die ewige Klage des Sünders um das Wehe seiner Schuld verstummt. Amfortas, nicht König und Held mehr, kehrt zurück in die Gemeinschaft der demütig dienenden Gläubigen des Heiligtums. —

XVII.

GURNEMANZ.

Gurnemanz ist nicht allein der treue Diener seines Herrn; er ist der persönliche Vertreter der ganzen alten Gralsherrlichkeit aus Titurels heroischen Königszeiten. Was durch Amfortas' Schuld in Trauer und Trübung bis zu Niedergang und Tod versetzt ward, das lebt rein und heil in Gurnemanz' ritterlicher Seele fort. Von ihm hören wir die Schicksale des Grales seit der Herabkunft von Gott, da ihn die Engel in Titurels Hände legten, hören das Verhängnis, welches durch Amfortas' Schwäche das Heiligtum und seine Ritter traf, und die Verheissung der Erlösung durch den reinen Thoren, der durch Mitleid wissend allein die Heilsthat vollbringen kann. Und wie seine Erinnerung treulich die Geschichte von Monsalvat bewahrt, wie er mit stolzen Klängen die alte Siegesherrlichkeit des christlichen Heroentumes feiert, mit mannhaft verhohlener, kaum je laut hervorbrechender Klage die Gegenwart mitlebt, mit vertrauensvollem

Glaubensmute die Zukunft erharrt: so bleibt auch Gurnemanz selbst durch alle Schicksale seiner Herren hindurch der immer Thätige in der Ausbildung und Bewährung der echten Tugenden der Gralsheldenschaft. Er ist der ritterliche und sittliche Erzieher der Knaben und Jünglinge, die er mit seinen ersten Worten an ihre Pflicht gemahnt, die er dann mit besonnener Vorsicht zu teilnehmenden Mitwissern der Gralsgeschicke macht. Er einzig fühlt ein ahnungsvolles Mitleiden mit der unseligen Kundry, und eine gleich ahnungsvolle Freude an der Erscheinung des wilden Knaben auf dem Gralsgebiete, in dem er den „Erkorenen" zu erkennen glaubt. Er erregt ihm an der Leiche des gemordeten Schwanes das erste tiefe Gefühl des Mitleidens, welches später die heiligende Erlösungsmacht des Helden werden soll. Er führt ihn zur Feier des Liebesmahles, wo die jugendliche Seele das erste Bild des religiösen Wunders und des leidenden Gottes in des Sünders Hand und Herzen noch unbewusst erschaut. So grausam enttäuscht er danach sich fühlen muss durch das dumpf-starrende Nichtwissen dieses Hoffnung erweckenden Einzigen: die vollste Hoffnungslosigkeit des Gralsgeschickes spricht sich doch erst darin aus, dass Gurnemanz selbst die Tempelstätte und seinen leidenden König verlässt, dass er mit dem Tode seines „lieben Herrn", des Urkönigs Titurel, das Heil für Monsalvat völlig erstorben wähnt und sich, des eigenen Todes still gewärtig, in die Waldklause zu trauernder Einsamkeit zurückzieht. Dort aber ist wiederum er es, der über der zauberstarr schlummernden Kundry den Weckruf des Frühlings laut ertönen lässt. Und wie ein wunderbarer Wiederhall aus den geheimnisvollen Tiefen des Schicksals ruft ihm dann selbst die Erscheinung des heimkehrenden Parsifal mit dem heiligen Speere das „Erwache dem Lenz" erlösend ins Gemüt. Die ganze Natur stimmt ihm nun mit ein in diesen Wonneruf der Befreiung am „höchsten Schmerzenstage". Wie ihm die Hoffnung, ja die Gewissheit des Heiles wiederkehrt, wie er den Heil bringenden Helden noch einmal über des Grales Leiden belehrt, den Ohnmächtigen mit Kundry pflegt, den Erwachten zum neuen Könige des Grales salbt und segnet, wie er ihm das Karfreitagswunder auf der Blumenaue deutet und ihn über die junge Schöpfung hin sanft heimgeleitet in das seiner harrende verwaiste Heiligtum: da ist aus dem todesmüden Greisen wieder das edele Vorbild der Heldenschaft des Grales geworden. Nun mag er getrost zur Ruhe eingehen bei seinem seligen Herrn: das Heldentum, das seine treue Brust beseelt, das Heldentum der weise sorgenden und tapfer wirkenden Menschenliebe, es lebt über seinem Grabe fort, gleich den thränenbetauten Blumen der Aue, die da blühen und wiederblühen unter dem himmlischen Lichte des heiligen Karfreitags.

Verlag von Louis Oertel, Hannover.

Wagnerschriften etc.

Richard Wagners Lebensbericht, bekannt unter dem Namen „Autobiographie Rich. Wagners". Deutsche Originalausgabe, herausgeg. von Hans von Wolzogen. Preis brosch. n. M. 2.50, geb. n. M. 3.50.

Die mit Interesse von allen Kunst- und Musikfreunden erwartete Autobiographie Rich. Wagners ist nun erschienen unter dem Titel „Richard Wagners Lebensbericht". Diese von Wagner selbst herrührende Lebensskizze enthält soviel neue interessante Darlegungen über Richard Wagners kulturhistorische Mission und sein künstlerisches Ideal, so reiche und wichtige, noch nirgendswo veröffentlichte Urteile über Wagners Zeitgenossen, wie z. B. über Weber, Mendelssohn, Meyerbeer, Rob. Schumann, Börne, Heine, Fürst Bismarck und den König von Bayern, und wirft nebenbei so treffliche Streiflichter auf die politische Lage Deutschlands, dass es wohl nur dieses Hinweises bedarf, um dem Buche als einem wichtigen Beitrage zur Kunst- und Memoirenlitteratur unserer Zeit die weiteste Verbreitung unter allen Gebildeten zu sichern.

(Neues Wiener Abendblatt.)

Wagneriana. Gesammelte Aufsätze über Richard Wagners Werke vom Ring bis zum Gral. Gesammelt und herausgeg. von Hans v. Wolzogen. Preis brosch. netto 3 M., geb. netto 4 M.

Ein gründlicher Kenner der Wagner-Litteratur giebt hier eine Zusammenstellung der interessantesten Artikel, die für und wider die Wagnersche Sache geschrieben wurden, und beleuchtet und belebt sie mit der ihm eigenen kunstbegeisterten und begeisternden Klarheit und Gedankenschärfe. Der Inhalt des Werkes fesselt ungemein und lässt in uns ein klares Urteil über die Wagnerschen Schöpfungen entstehen. Wer sich an den letzteren voll und ganz erfreuen will, lese zuvor Hans von Wolzogens Schrift »Wagneriana«. (Harmonie.)

Tristan und Parsifal. Einführung in die Bayreuther Festspieldramen „Tristan" und „Parsifal" von Hans von Wolzogen. Preis brosch. netto 75 Pf., eleg. geb. netto 1 M.

Tristan und Isolde. Einführung in Richard Wagners Text- und Tondichtung von Osc. Mokrauer-Mainé. Mit Notenbeilage „Die Motive aus Tristan und Isolde". Preis netto 50 Pf.

Bayreuther Briefe. Augenblicksbilder aus den Tagen der Patronatsaufführungen des „Parsifal". Preis eleg. brosch. netto 1 M.

Parsifal. Einführung in die Dichtungen Wolframs von Eschenbach von Rich. Wagner, nebst Notenbeilage „Die musikalischen Motive in Wagners Parsifal" von O. Eichberg. Preis brosch. netto 1 M. 50 Pf., elegant geb. netto 2 M.

Obige Werke setzen es sich zur Aufgabe, das grössere Publikum mit den Schönheiten der Wagnerschen Dichtungen und Tonwerke vertraut zu machen. Aus der Überfülle des Stoffes ist mit geschickter

Verlag von Louis Oertel, Hannover.

Hand das Wesentlichste gewählt, und führen die kleinen interessanten Schriften besser als dickleibige Folianten in das Verständnis der betr. Wagnerschen Werke ein, weil es den Leser nicht durch Nebensächliches verwirrt, sondern ihn durch ungemein prägnante Gruppierung des Hauptsächlichen aufklärt. (Dresdner Nachrichten.)

Wagnerianerspiegel. Charakteristik der wirklichen Wagnerianischen Geistesarbeit und Weltanschauung, dargestellt durch 100 Aussprüche aus den Schriften der namhaftesten Wagnerianer, gesammelt von Hans Paul v. Wolzogen. Elegant brosch. netto M. 1.50. Interessante geistvolle Lektüre für jeden Gebildeten.

Nibelungen-Festspielerei. Humoreske in Makamenform von Carl Wittkowsky. Mit 30 Illustrationen. Preis eleg. brosch. n. 75 Pf.
Ein ergötzliches Büchlein mit humoristischen Illustrationen. In lustiger und geistvoller Satyre wird hier die ganze Fabel der Nibelungen erzählt und köstlich illustriert. Das Büchlein, sauber ausgestattet, kostet nur 75 Pf. und wird gewisss unter Freunden und Gegnern des Meisters zahlreiche Liebhaber und Käufer finden.
(Hamburger Reform.)

Über Sprache und Schrift (Ethnologie, Sprachwissenschaft, Stilistik und Orthographie) von Hans von Wolzogen. 248 Seiten. 8⁰. Preis broschiert n. M. 2.—.

Morkauer-Mainé, Osc., Herzog Ernst II. zu Sachsen-Coburg-Gotha und die Tonkunst. Preis n. 75 Pf.

Louis Oertels Musikbibliothek.

Kollektion praktischer Lehrbücher und wissenswerter Abhandlungen aus dem Gebiete der Tonkunst.

Elementar-Prinzipien der Musik nebst populärer Harmonielehre und Abriss der Musikgeschichte nach leichtfasslichstem System bearbeitet von Prof. H. Kling Preis netto M. 1.—.
Nirgends findet man die wichtigsten Elemente der Musik so klar und selbst für den Laien verständlich, dabei so anregend und interessant behandelt, wie in vorliegendem Werke.
(Harmonie, No. 28, 1890.)

Kurzgefasste Geschichte der Musikkunst und Standpunkt derselben gegenüber der modernen Zeit von Wilhelm Schreckenberger. Mit 6 Tafeln Abbildung, Entstehung und Entwickelung der Musik-Instrumente darstellend. Preis netto M. 1.50.
Ich habe Ihr Werk mit grossem Interesse gelesen und viel Belehrung daraus gezogen. Von besonderem Interesse war für mich die Beschreibung und Zeichnung der alten Musikinstrumente. Auch habe ich nirgends ein so zutreffendes Urteil über Richard Wagner gefunden als in ihrem Werke etc. Th. Hauptner,
Königl. Musikdirektor.

Girschner, Otto, Allgemeine Musiklehre mit Rückblicken in die Geschichte der Musik, in gemeinfasslicher Darstellung für Musiker und Musikfreunde, mit vielen in den Text gedruckten

Verlag von Louis Oertel, Hannover.

musikalischen Beispielen. I. Band. Die Lehre von den allerersten Elementen der Musik und die Elementarformenlehre. Preis brosch. 1.50 M., geb. 2 M.

In äusserst praktischer, belehrender Form werden hier die Anfangsgründe der Musik mit einer Gründlichkeit und das Interesse des Schülers weckenden Weise dargelegt, wie in keinem anderen Werke. Der auf dem Gebiete des Musikunterrichts erfahrene Verfasser geht offenbar von dem Grundsatze aus, dass **eine gute Grundlage die Hauptsache alles Lernens ist.** Nicht allein Musikschüler, sondern auch Musiklehrer, Musikforscher, Musikfreunde, ja sogar ausgelernte Musiker werden sich an dem höchst interessanten, lehrreichen Werke erfreuen und Nutzen und Belehrung daraus schöpfen.

Leitfaden der Harmonie und Generalbasslehre v. L. Wuthmann.
Zum Gebrauch an Konservatorien, Musikschulen, Seminaren, sowie zum Selbststudium für alle, die sich in möglichst kurzer Frist mit dem Wesen der Harmonien und des Generalbasses vertraut machen wollen. Preis broschirt n. M. 1.50, geb. M. 2.—.

Dies Werk schliesst sich dem Professor Klingschen Buch „Elementar-Prinzipien der Musik" an, kann also Anfängern und Schülern der Tonkunst speziell empfohlen werden. Alles Überflüssige, Trockene und Langweilige vermeidend, belehrt das Werk doch über alle wichtigen Erscheinungen der Harmonie und des Generalbasses, lehrt uns den zwei- und mehrstimmigen Satz richtig schreiben und führt direkt in die Kompositionslehre über.

Theoretisch-praktisches Lehrbuch der Harmonie und des Generalbasses, mit zahlreichen Notenbeispielen und Übungsaufgaben von Alfred Michaelis. Preis brosch. n. M. 4.50, fein geb. n. M. 5.50.

Die Harmonielehre von Alfred Michaelis ist ganz vortrefflich, wissenschaftlich, gründlich und methodisch ohne gelehrte Schwerfälligkeit, ausführlich und erschöpfend ohne ermüdende Breite, übersichtlich in der Anordnung des Stoffes, leicht verständlich in der Darstellung und vor allem auch praktisch zweckmässig.

Dr. F. Stade, Leipzig.

Theoretisch-praktische Vorstudien zum Kontrapunkt und Einführung in die Komposition von Alfred Michaelis. Preis brosch. n. M. 3.—. fein geb. n. M. 4.—.

An die Harmonielehre anschliessend, leitet dieses Werk zum Kontrapunkt über, resp. führt uns in die Komposition ein. Es behandelt die für alle Theoretiker hochinteressanten Choralstudien, die antiken Kirchentöne, den Cantus firmus, den zwei- und mehrstimmigen Satz, womit zugleich das Partiturwesen berührt wird. Ein Werk, welches die Aufgabe in gleich erschöpfender Weise löst wie das vorliegende, ist mir nicht bekannt. M. Dir. Carl Santner.

Speziallehre vom Orgelpunkt. Eine neue Disziplin der musikalischen Theorie von A. Michaelis. Preis brosch. n. M. 3.—, geb. n. M. 4.—.

Das Werk ist eine wirkliche Bereicherung der Musiklitteratur, denn in keinem älteren Lehrbuche ist der Orgelpunkt mit gleicher Ausführlichkeit und Gründlichkeit abgehandelt als in der vorliegenden

Verlag von Louis Oertel, Hannover.

Gabe. Dieselbe erörtert folgende Punkte: Wesen des Orgelpunktes, die harmonische und modulatorische Seite desselben, die hierbei zur Anwendung kommenden technischen Kompositionsmittel, die verschiedenen Formen, die Anwendung derselben durch die Klassiker, reguläre kontrapunktische Studien, die Anwendung des Orgelpunktes in der Fuge und der Sonate, sowie in der Vokalmusik. Schliesslich ist ein gelungener Versuch gemacht worden, die beredte Erscheinung wissenschaftlich zu begründen. Die gegebenen Übungsbeispiele zeugen von besonderer pädagogischer Begabung, die Ausstattung des Werkes verdient alle Anerkennung. A. W. Gottschalg.

Neue Ideen zur gesanglichen und harmonischen Behandlung der Choralmelodie für den Gesangsunterricht und den gottesdienstlichen Gebrauch von Alfred Michaelis.

Der Verfasser der rühmlichst bekannten „Harmonielehre", sowie ausgezeichneter Werke über Kontrapunkt und Orgelpunkt, zeigt im vorliegenden Buche, welch vielseitiger, harmonischer Ausgestaltung die Choralmelodien, von denen die deutsche Nation einen reichen Schatz besitzt, fähig sind. Er analysiert die Melodien nach verschiedenster Richtung, um uns die richtige Anwendung und Ausführung derselben zu lehren u. s. w. Organisten, Gesanglehrern und musikverständigen Geistlichen wird das Buch reiche Belehrung und interessante Anregung verschaffen.

Populäre Kompositionslehre, zum Schulgebrauch, wie zum Selbststudium angehender Komponisten, verfasst von Professor H. Kling. Preis brosch. 5 M., geb. 6 M.

Ein Werk von eminenter Bedeutung für jeden Musiker und gebildeten Musikdilettanten, welcher den Drang in sich fühlt, seinen musikalischen Ideen und Empfindungen Ausdruck zu verleihen. In 50 Kapiteln wird die ganze Materie aller bekannten Kunstformen in anregender und belehrender Weise erschöpft und dem Kunstjünger eine zweckmässige und sichere Anleitung gegeben, wie er selbständig vom einfachsten Liede bis zur grossen Oper komponieren lernt. Der Name des Verfassers und der beispiellose Erfolg seiner früheren Werke (Populäre Instrumentationslehre, Der vollkommene Musikdirigent etc.) bürgt dafür, dass niemand anders berufen war, diese schwierige Aufgabe in so erfolgreicher, erschöpfender Weise zu lösen, wie dies hier geschehen. Ein ähnliches Werk fehlt bisher in der Musiklitteratur und wir sind überzeugt, dass vielen mit der Herausgabe der „Populären Kompositionslehre" ein wesentlicher Dienst geleistet ist. Ausstattung des umfangreichen Werkes ist vorzüglich, der Preiss ein sehr mässiger.

Praktische Anweisung zum Transponieren für Streich-, Holz- und Blechinstrumente, sowie Pianoforte und Gesangsstimmen, mit vielen Notenbeispielen erläutert und bearbeitet von Prof. H. Kling. Preis netto M. 1.25.

Man muss dem Verfasser einen ausserordentlichen Praktikersinn zugestehen. Dieses Werklein hilft einem grossen Bedürfnisse ab. Zugreifen! Cyrill Kistler.